Dr. mus. Musikakademie Bukarest **Cesar Marinovici**

Komponieren – aber wie?

Ideen sind gut – Wissen ist besser!

Kompositionstechnik für Rock, Pop und Jazz

– Mit Übungen, Kompositionen, Hörbeispielen und einer CD

— Komponieren —

MOTTO

„Wenn wir Musik **erklären** wollen, müssen wir eben Musik erklären und nicht jene Unmenge von ganz anderen Vorstellungen und Assoziationen, die die **Musikverständigen** wie Auswüchse um die Musik haben wachsen lassen."[1]

Leonard Bernstein

WIDMUNG

In memoriam Professor Richard Bartzer – Nachkomme von Béla Bartók –, Komponist und Pädagoge, dem ich mein Wissen auf dem Gebiet der Komposition verdanke.

C. M.

Anstelle eines Vorwortes

Ein Praktiker der alten Schule auf neuen Pfaden, der hier angehende Jazz-, Rock- und Popkomponisten, aber auch dem praktizierenden Musiker, Pädagogen und Arrangeur eine ganze Reihe von „Aha-Ergebnissen" vermittelt, profundes Wissen aus seiner langjährigen Praxis und auch eine ganze Reihe interessanter Notenbeispiele und „Tips", die man ansonsten üblicherweise nur hinter vorgehaltener Hand unter Insidern oder guten Freunden in der Branche weitergibt.
Kann man Jazz, Rock und Pop überhaupt Lehren und lernen? Man kann, bis zu einem gewissen Grade – mit Hilfe dieser Kompositionstechnik für Jazz- Rock und Pop: Marinovici sei Dank!
      Fritz Jurmann, Dornbirn (Leiter der Musikabteilung im ORF)

Riemann, Hindemith und Schönberg schrieben Standardwerke, die als Richtlinien der klassischen Kompositionslehre gelten. Sucht der Jazzmusiker aber ein Handbuch zum Komponieren, so findet er in Büchern nur Ansätze zur Technik, aber keinen umfassenden Leitfaden. Der Autor Dr. mus. Cesar Marinovici, selbst vielseitiger Jazzkomponist, versteht es, durch klaren und logischen Aufbau die Welt des Komponierens näher zu bringen. Er verwendet dabei eine verständliche Sprache, die auch dem Laien die scheinbar komplizierte Welt der Musik näher bringt. Das Buch macht Lust aufs Komponieren.
      Prof. Justus Frantz, Hamburg

Eine „Gebrauchsanweisung" für das Komponieren im Bereich von zeitgenössischen Musikformen – nach solch einem Handbuch suchte man bisher vergeblich. Der Komponist Dr. Cesar Marinovici hatte die ausgezeichnete und längst überfällige Idee, ein solches Fachbuch zu liefern. Ein wertvoller und ungewöhnlich interessanter Beitrag, der durch seine transparente und unkomplizierte Art sowohl jedem Profi- als auch Laienmusiker höchste Freude bereitet und Lust aufs Komponieren macht.
      Gilbert Bertolo (RTL-Luxembourg)

Das Fachbuch Kompositionstechnik für Jazz, Rock und Pop des Herrn Dr. mus. Cesar Marinovici ist ein „Wegweiser" in dem Sinne der besten Traditionen der Musikpädagogik. Äußerst interessant ist das ästhetische Konzept, dem der Autor viel Wichtigkeit einräumt, ohne den allgemeinen Charakter des Buches zu übersehen. Die These der Interferenzen der Musikgattungen, in der Perspektive der Entwicklung der Musikfachsprache von Bartók bis zu Bernstein gesehen, ist mit theorethischen und praktischen Begründungen unterstützt. Drei Themen in einem Werk, in einer ausgeglichenen, einheitlichen, überzeugenden Auffassung, in einem redaktionellen Stil behandelt - zusammengefaßt in einem charakteristischen Hauptsatz, eine Veröffentlichung, die für eine positive Akzeptanz sich zu freuen verdient.
      Prof. Dr. Alexander Sumski, Tübingen
      Eberhard-Karls-Universität Tübingen

Dieses Buch ist nicht nur logisch aufgebaut, sondern auch fachlich bestens fundiert, was durch die zahlreichen Musikbeispiele sehr gut unterstützt wird. Dadurch wird die Verständlichkeit des Buches erleichtert. Somit kann ich mir gut vorstellen, dass ein solch gelungenes Fachbuch nicht nur für akademisch ausgebildete Musiker, sondern auch für interessierte Schüler und Studenten einen sehr großen Wert haben kann. Die Art und Weise in welcher dieses Fachbuch geschrieben wurde, die methodische Struktur des Inhaltes und die verständliche Sprache erschließen das Gesamte für die große Masse der Jazz-, Rock- und Popmusiker. Ich würde jederzeit ein Fachbuch dieser Qualität wie Kompositionstechnik für Jazz- Rock und Pop, das mit Sicherheit eine wertvolle Neuheit für diesen Musikbereich darstellt, empfehlen.
      Prof. Alexandre Hrisanide, Haarlem/Holland
      (Prof. am, Katholischen Leergangen-Brabants Convervatotium, Tilburg – Holland,
      Prof. am Sweelick Conservatorium Musikhochschule, Amsterdam – Holland)

Deshalb werden diesem „Leitfaden für die Praxis" mit seinen äußerst günstigen Ansätzen und Wegweisungen auch gerade junge Musiker dankbar sein, die als Quereinsteiger ein bewusst reflektiertes und theoretisch unterbautes schöpferisch-lebendiges Arbeiten anstreben. Als Lehrer an einer Pädagogischen Hochschule bin ich immer wieder jungen Leuten begegnet, die ohne Musikschule und gymnasialen Musikleistungskurs in einer Jazz-Rock-Pop-Gruppe erste und einzige Erfahrungen im kreativen Musikmachen hinter sich hatten, dabei ihre Begabung entdeckt haben und nun sich ernsthaft weiterbilden möchten. Sie und viele andere werden diese Kompositionsanleitung mit ihrem klaren, auf das Wesentliche konzentrierten Weg zu schätzen wissen.
      Prof. Erno Seifriz, Weingarten (Pädagogische Hochschule)

INHALT

Anstelle eines Vorwortes 3
Vor dem ersten Kapitel 6

I. Die Etappen des Kompositionsvorganges in der Jazz-, Rock- und Popmusik

    1. Das Motiv 8
    1.1. Die Eigenschaften des Motivs 12
        a. Der Rhythmus 12
        b. Die Melodie 14
        c. Das Metrum 15
        d. Die Harmonie 16
        e. Die Dynamik 17
    1.2. Die Grundsätze der Motivbearbeitung 18
        a. Die Wiederholung 18
        b. Die Sequenzierung 18
        c. Die Umspielung 18
        d. Die Umkehrung 19
        e. Die Vergrößerung 19
        f. Die Verkleinerung 19
        g. Die Erweiterung 20
        h. Die Motivteilung 20
    2. Die Motivgruppe 21
    2.1. Die Motivgruppentypen 22
        a. Der Motivgruppentyp A 22
        b. Der Motivgruppentyp B 23
        c. Der Motivgruppentyp C 23
    3. Der Satz 26
    3.1. Die Satztypen 28
        a. Der Satztyp AA 28
        b. Die Satztypen AB 29
        c. Die Satztypen BB 30
        d. Die Satztypen BA 31
    4. Die Periode 33
    4.1. Die Periodentypen 36
        a. Der Periodentyp ABAB 36
        b. Der Periodentyp BBAB 38
        c. Der Periodentyp ABBB 41
        d. Der Periodentyp BBBB 42
    5. Die asymmetrischen Sätze 43
        a. Die reduzierte Gesamtlänge 43
        b. Die erweiterte Gesamtlänge 44
        c. Die unterschiedliche Satzlänge 44
    6. Das Anschlussmotiv 46
    7. Der „Überraschungstakt" 48
        a. Durch Taktwechsel 48
        b. Durch Pausen 48

II. Die Harmonie in der Jazz-, Rock- und Popmusik

    1. Die Kadenzen 50
        a. Die authentische 50
        b. Die plagale 51
        c. Die zusammengesetzte 51

    d. Die erweiterte 52
    e. Der Trugschluss 52
    f. Die Halbschlusskadenz 53
2. Die Harmonieträger 54
    a. Die Stellen der Harmoniewechsel 54
    b. Der Synkopeneffekt 55
    c. Die Auftaktsharmonie 55
2.1. Die Bedeutung des Harmoniewechsels und seine Wirkung
     auf den Charakter eines Stückes 58
    a. Die schnelle Folge 58
    a. Die langsame Folge 58
2.2. Die Harmonie als bildendes Element der Form 60
    a. Die positive harmonische Tendenz 60
    b. Die negative harmonische Tendenz 61
3. Die Modulation 62
    a. Die „Jazzkadenz"-Modulation 62
    b. Die direkte 64
    c. Die parallele 64
    d. Die homonyme 66
4. Die mixolydische Akkordstruktur 68
    a. Auf den Hauptfunktionen 68
    b. Auf den Parallelfunktionen 68
5. Das Bartóksche Achsensystem 71

III. Die Formen in der Jazz-, Rock- und Popmusik

1. Die standardisierten Liedformen 78
    a. Die europäische Liedform 80
    b. Die amerikanische Liedform 81
1.1. Der Blues 83
    a. Die Blue Notes 83
    a. Die Formlänge 84
    a. Die harmonische Folge 84
1.2. Das „1, 2, 3 Gesetz" Bernsteins 86
2. Die Bestandteile der musikalischen Form 88
    a. Der Rhythmus 88
    b. Die Melodie 88
    c. Die Harmonie 89
    d. Das Tempo 89
    e. Die Dynamik 89
3. Die Verwirklichung der Klavierstimmen 91
    a. Die Verlagsklavierstimme 91
    b. Die Begleitungsklavierstimme 93

   ...und nach dem letzten Kapitel 111
   Sachregister 112
   Zitate 120
   Bibliographie, Impressum 122
   CD-Index 124
   Graphische Darstellungen:
   Das Bartóksche Achsensystem (1) ....Umschlagseite 1
   Das Bartóksche Achsensystem (2) ....Umschlagseite 2

Vor dem ersten Kapitel...

Schon seit langem haben sich die **Jazz**- wie auch die **Rock**- und **Pop**-Musik als jeweils selbständige Musik-Genres entwickelt. Was ist eigentlich die Jazzmusik? In ein paar Worten gesagt ist sie eine populäre Musik, die eine afroamerikanische Abstammung hat. Diese Musik hat sich im Laufe des 20. Jahrhunderts entwickelt. Die Form dieser Musik ist wegen der zahlreichen stilistischen Richtungen und wegen der Individualität verschiedenartiger Interpreten schwer zu definieren. Der ästhetische Aspekt ist viel wichtiger. Wie sich durch seine Entwicklung gezeigt hat, ist der Swing, eine rhythmisch-dynamische Bewegungsart des Musizierens, das Wichtigste im Jazz. Ebenso charakteristisch für Jazz ist auch die individuelle und kollektive Improvisation, die sich im Laufe verschiedener Perioden der Jazzgeschichte entwickelt hat. Was ist aber Rockmusik? Kurz gesagt ist Rock ebenso eine Form der populären Musik, die vor allem von Jugendlichen gesungen/gespielt wird. Ursprünglich stammt sie aus Amerika, fußt auf dem „Blues" und begann ihren Siegeszug in den fünfziger Jahren. Die Rockmusik hat grundsätzlich eine kollektive Identität bezüglich des Komponisten, des Arrangeurs, des Textdichters und der Sänger, weil diese Musik normalerweise von einer Rockgruppe interpretiert wird. Wegen der Musik- und Spielkonzeptionen der Interpreten ist es kaum möglich, etwas Stilistisches unter Rockmusik zu verstehen. Auch bei dieser Musik ist der ästhetische Aspekt am wichtigsten. Und schließlich, was ist Popmusik? Auch diese Musik ist, wie das Wort sagt, eine populäre Musik, die einen typischen Charakter und Sinn hat. Sie verwendet grundsätzlich die Formen und sogar die Stilistik der Rockmusik. Pop ist also eine gut realisierte Musik, aber inhaltlich ohne einen besonderen Wert. Außerdem bildeten sich bezüglich des **Stils** und **Charakters** verschiedene Richtungen heraus. Und immer wieder entstanden neue „Untergattungen", die sich im jeweiligen Zeitgeist und Modetrend wiederspiegelten. Dank dieser Tatsache ist das **Niveau** in Bezug auf die Qualität dieser Musik sehr gestiegen. Das Streben des SUCHENS und FINDENS einer Musik, welche vorausgegangenen Ansprüchen überlegen sein soll, wird fortdauernd existieren. Es darf nicht vergessen werden, dass im Rahmen der Jazz-, Rock- und Popmusik die Struktur der **Miniaturformen** Vorrang hat. Dabei ist zu betonen, dass der Kompositionsvorgang im Rahmen dieser Formen viel schwieriger als in dem der großen Formen ist. Im Laufe der kurzen Entfaltung muß nicht nur das Thema für sich sehr expressiv und überzeugend sein! Damit dieses Thema gefällt und leicht zu behalten ist, soll die Substanz des Musikmaterials in Mikrostruktur (z.B. das Motiv, die Motivgruppe usw.) sehr **reich** hinsichtlich der Ästhetik und sehr gut proportioniert in Bezug auf Melodie und Rhythmus sein. Nur in diesem Fall wird das Thema ansprechen. Auf einer relativ kurzen Strecke (meistens 16 – 32 Takte), also im Verlauf seiner musikalischen Entfaltung, soll die neue Komposition „verkauft" werden, aber nicht „billig" und mit möglichst großen Chancen, ein **Hit** zu werden. Von ebenso großer Bedeutung ist das Zustandekommen einer Steigerung des melodischen Inhalts zu einem Höhepunkt, dem „Kern" des Stückes, der meist der **Refrain** ist. Dieser Gesichtspunkt ist hauptsächlich vom allgemeinen Musikinhalt abhängig, angefangen von den kleinsten melodisch-rhythmischen Bestandteilen bis zur Verschmelzung der Sätze in Perioden, die letzteren meistens als Darsteller der Themen oder sogar der Lied-Teile selbst. Gerade dies ist der Bereich, in dem sich die **Kunst** und **Begabung** des Komponisten zeigt. Das Entwerfen, das Komponieren eines interessanten Refrain-Kopfes zum Beispiel, bedeutet noch nichts Besonderes. Damit kann die schöpferische Arbeit erst beginnen. Die Fortsetzung des Kompositionsvorganges ist eine nachgeordnete Arbeit. Aus diesem Grund, auch wenn die **Ideen** gut sind, ist das **Wissen** notwendig, wie es auch der Untertitel dieses Buches „Ideen sind gut – Wissen ist besser" zeigt. Neu ist, dass dieses Buch die Kenntnisse vermittelt, die für die Verwirklichung eines Jazz-, Rock- oder Popmusik-Titels erforderlich sind. Wäre dieses Fachbuch in Glenn Miller's Zeit oder der Beatles Ära oder... geschrieben worden, dann würden heute alle Musikbeispiele des Buches schon längst Geschichte sein. Deswegen sind die Musikbeispiele in diesem Fachbuch grundlegend wichtig für alles, was dieses Buch erklären will. Diese Beispiele sind deshalb bewusst nicht nach dem Modetrend oder nach bestimmten „aktuellen" Stilrichtungen komponiert. Dabei wurde ein einziges Ziel verfolgt, und zwar: **Klarheit** für die Benutzer! Die Musikbeispiele müssen dem Benutzer maximal helfen, den Stoff dieses Fachbuches zu verstehen und zu fühlen, wie eine solche Musik komponiert werden kann. Mode, Stil und Trend unterliegen der Zeit, dem Geschmack eines jeden.

Also, es ist soweit! Jetzt fangen wir damit an, **komponieren - zu - lernen**. Gemeinsam werden wir verschiedene Musikthemen oder Teile davon schreiben. Zuvor müssen wir den Mut haben, das zu tun. Jeder von uns kann sich selbst fragen: „Kann ich das überhaupt...??" Andererseits sagt die Wissenschaft, dass die **Inspiration** nicht erlernbar ist. Ja, es ist so!!

Aber wer kann im Voraus sagen, ob er Inspiration im Kompositionsbereich hat oder nicht? KEINER!! Wer von uns hat nicht schon einmal versucht, ein „Liedchen" zu schreiben, und es ist ihm nicht gelungen, oder dieser „Versuch" klang „schief"?! Wir haben unser „Liedchen" dann gelassen, weil die Kenntnisse dafür nicht vorhanden waren. Jetzt aber stehen diese Kenntnisse zur Verfügung.

Der Musikwissenschaftler **Prof. Dr. Hugo Riemann**, der „*in vielen Fragen (...) bis heute unersetzlich*"[2] ist, hat ein entsprechendes Fachbuch, das **Handbuch der Kompositionslehre** geschrieben. Darin hat er die Regeln und Grundsätze des Kompositionsvorganges festgelegt und zusammengestellt. Über Lied, Rondo, Sonate usw. ist dort alles erklärt worden. Das Ganze ist hervorragend geschrieben und voll mit zahlreichen Musikbeispielen von Mozart, Beethoven und vielen anderen berühmten Komponisten untermauert. Aber wir möchten Jazz-, Rock- und Popmusik schreiben, und nicht Lieder in Schubert's Stil!!

Auf den musikwissenschaftlichen Grundlagen von Hugo Riemann und **Prof. Richard Bartzer** habe ich dieses Fachwissen auf den Bereich der Jazz-, Rock- und Popmusik übertragen, erweitert, systematisiert und allgemein geltende Kompositionsregeln für diese Genres festgelegt. Weil diese Kenntnisse zeitlos nützlich sind, bin ich davon überzeugt, dass ich vor allem den Jugendlichen (aber nicht nur ihnen) helfen werde, sowohl die Qualität ihrer Lieder zu steigern als auch eine dem 21. Jahrhundert entsprechende Musik zu schreiben.

Also, fangen wir an!

Der Autor

I. Die Etappen des Kompositionsvorganges in der Jazz-, Rock- und Popmusik

1. Das Motiv

Die Entstehung neuer Werke im Musikbereich kann genauso einfach oder kompliziert sein wie im Bereich anderer Künste. Nehmen wir als Beispiel ein dramatisches Werk der literarischen Welt. Der Schriftsteller schreibt und gibt seinem Werk eine endgültige Form mit Worten. Die Worte sind die kleinsten Satzbausteine, die einen logischen Sinn ergeben und Ausdruck haben. Die Buchstaben alleine, aus denen der Schriftsteller sein Werk bildet, ergeben keinen Sinn. Dank der Worte vollbringt der Künstler sein Werk. Ein Teil der Dialoge, die im Laufe des Werkes verwendet werden, bilden die Szenen, mehrere Szenen die Akte und die Akte das gesamte Werk.

Genauso entwickelt sich auch im Bereich der Musik die Pyramide des musikalischen Werkes! Aber wie das Thema des Buches zeigt, möchten wir in den Regionen der Jazz-, Rock- und Popmusik bleiben. Der Komponist, der zeitgenössische Verfasser, soll nicht nur logisch, sondern dem Charakter jeder Musikart entsprechend denken. Je größer die musikalische Begabung eines Komponisten ist, um so mehr Chancen hat er, wertvolle Ideen zu entwerfen. Eine solche Idee „kommt" in der Form eines kurzen Themas, sogar nur aus ein paar Noten zusammengesetzt. Dieses „kurze Thema", mit welchem der schöpferische Vorgang anfängt, heißt **Motiv**. Dieser Begriff bedeutet in der Umgangssprache die Ursache einer Tätigkeit bzw. die Anregung für eine Handhabung. Riemann nennt das Motiv „...*ein Melodiebruchstück (...) das für sich eine kleinste Einheit von selbständiger Ausdrucksbedeutung bildet.*"[3]

Graphisch werden wir das Motiv mit einer Linie darstellen, die beliebige Länge hat.

Ein Motiv: /_____/

Schema 1

Wie bereits bekannt, ist das Motiv der kleinste und prägnanteste melodisch-rhythmische Bestandteil einer Musikidee.

Gemäß Riemanns Theorien einerseits und unserem Interesse, Jazz-, Rock- und Popmusik zu schreiben andererseits werden wir in den folgenden Ausführungen nur diejenigen mit einem Hauptakzent -mit oder ohne Auftakt- als Motive berücksichtigen (Hauptakzent = der Akzent auf der ersten Zählzeit des Taktes). Das bedeutet, dass das Motiv nicht immer der rhythmisch-melodische Inhalt ist, der sich zwischen den Taktstrichen eines Taktes befindet. Als Bedingung muss das Motiv die kennzeichnende Motivphysiognomie aufweisen.

Das folgende Motivbeispiel wurde in G-Dur komponiert. Ein Motiv, das auf einer anderen Note als der Grundnote der Tonleiter, in welcher es geschrieben wurde, endet, hat einen **offenen** Charakter wie z.B.

Für die Beispiele 1 - 31 gilt: Metronom ♩ = 92

Bsp. 1

Und ein Motiv, das auf der Grundnote der Tonleiter, in welcher es geschrieben wurde, endet, ist zu, hat also einen **geschlossenen** Charakter wie z. B.

Bsp. 2

In der Fortsetzung werden wir das Motiv verwenden, das einen offenen Charakter hat, weil das Kontrast und Entwicklung beinhaltet und verlangt. Ein komplettes Motiv ist aus drei wesentlichen Bestandteilen zusammengesetzt, und zwar:
1. **Auftakt**, 2. **Abtakt** und 3. **Nachtakt**.

Bsp. 3

Auft.　　　Abt.　　　Nacht.

Das Motiv muss mindestens zwei der drei Bestandteile enthalten, um als solches erkannt zu werden.

Entweder **Auftakt** und **Abtakt**

Bsp. 4

Auft.　　　Abt.

oder **Abtakt** und **Nachtakt**.

Bsp. 5

Abt.　　　Nacht.

Daraus wird ersichtlich, dass der **A b t a k t** nie fehlen kann! Üblicherweise ist der Abtakt auf dem ersten Schlag des Taktes. Die Motive mit fehlendem Auftakt haben immer einen vermeintlichen Auftakt, d. h. er ist zwar nicht vorhanden, aber trotzdem spürbar.

Grundsätzlich muss ein Motiv aus mindestens zwei Noten verschiedener Höhe gebildet werden. Ausnahmsweise, wie im Falle eines Motivs wie diesem,

Bsp. 6

das aus

Ab- und Nachtakt zusammengesetzt ist, könnte aus verschiedenen Text- oder anderen Gründen die erste Note des Motivs mit einem Takt vorverlängert werden. In diesem Fall sieht das Motiv so aus:

Bsp. 7

Das ist mehr eine Art Motivgruppe! Doch das erste Motiv, und zwar die ganze Note ist ein „Pseudomotiv" und das eben deswegen, weil dieses Motiv nur aus einer Note besteht. Solche Motive stehen fast nie allein, sondern werden von dem ursprünglichen Motiv begleitet. Selbstverständlich könnten in diesem Fall die beiden Motive auch als ein Einziges betrachtet werden. Der Gliederung des Satzes in zwei, vier, acht Motive wegen, was in der Jazz-, Rock- und Popmusik äußerst wichtig ist, werden wir jedoch das „Pseudomotiv" als echtes Motiv betrachten.

Ein Motiv ist immer der „Notenkern", der eine bestimmte Kraft ausstrahlt und eine weitere Entwicklung fordert. Nicht jede Notenfolge kann ein Motiv darstellen. Noten alleine, ohne weitere Verbindungen, ergeben natürlich keinen Sinn, genauso wenig wie die Buchstaben im Bereich der Literatur.

Bsp. 8

Also, das Motiv ist ein Bestandteil, der ein prägnantes eigenes Profil und einen bedeutungsvollen eigenen Sinn hat, um im Musikverlauf erkannt zu werden. Es ist aber wichtig zu wissen, dass das Motiv nicht immer das ist, was sich zwischen zwei Taktstrichen befindet. Eben deswegen, zum möglichst deutlichen Verständnis des Motivs als Ausdruck, möchten wir einige Erklärungen bezüglich des Taktes machen. Unter dem Begriff **Takt** ist der aus zwei oder drei realen Zählzeiten bestehende Abschnitt zu verstehen (reale Zählzeit = die ungefähre Geschwindigkeit des menschlichen Pulses 60 bis 120 Schläge pro Minute). Die wichtigste Zählzeit jedes Taktes ist die unbetonte Zählzeit, denn sie enthält Spannung! Sowohl im Falle des zweischlägigen als auch des dreischlägigen Taktes ist die **unbetonte Zählzeit** die **leichte** und die **betonte Zählzeit** die **schwere**. Beim dreischlägigen Takt ist die betonte Zählzeit eigentlich nur verdoppelt.

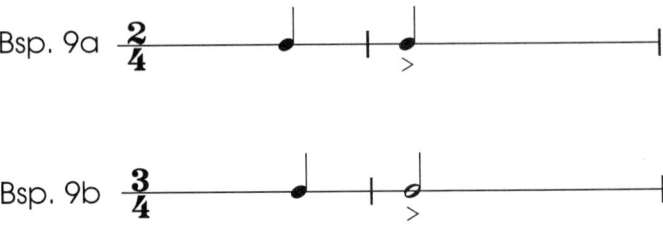

Der dreischlägige Takt ist also nur eine Variante des zweischlägigen! In allen Taktarten bedeutet die schwere Zählzeit den **Schwerpunkt** und gleichzeitig einen Schluss. Das bedeutet Entspannung, Ruhe.

Hugo Riemann war der Überzeugung, daß „*die Musik als metrische Gliederung den Jambus U / (unbetont, betont) bevorzuge, und nahm daher Auftaktigkeit als Regel an.*"[4] Ebenso ist Riemanns Auffassung nach:

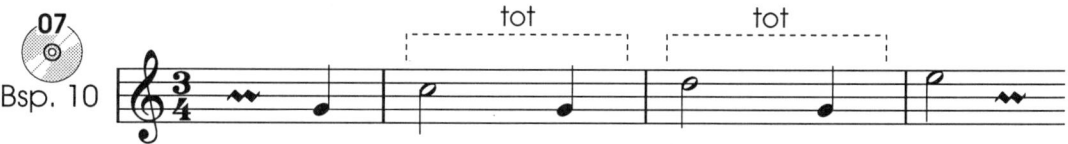

Also ist der Jambus (U /) das Vorbild aller Pulsarten! Auf der Wirkung, die der Jambus bzw. leicht – schwer auf das menschliche Gefühl überträgt, beruht auch die Erklärung, dass nur die Intervalle, die sich im Inneren eines Motivs befinden, Ausdruckswert haben. Die Intervalle, die sich zwischen den Endnoten einiger Motive und den Anfangsnoten anderer Motive befinden, nennt Riemann „*tote Intervalle*".[6] Diese sind ganz einfach nicht spürbar.

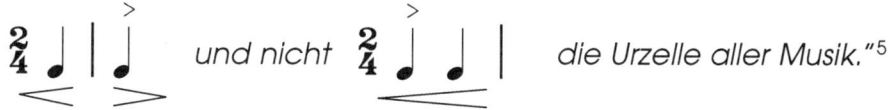

Bsp. 10

Nun ist für uns klar geworden, was der Takt bedeutet. Aber zurück zum Motiv. Durch verschiedene kompositorische Techniken werden aus Motiven erst Motivgruppen, dann Sätze und letztendlich Perioden, die schon Kompositionen oder Teile davon darstellen können. Auf diese Weise sind wir im Bereich der musikalischen Form gelandet. Aber bevor wir die Formen in der Jazz-, Rock- und Popmusik erläutern, nehmen wir alle eben genannten Bestandteile des Kompositionsvorganges „unter die Lupe".

- Überlegt vorher, was Ihr komponieren wollt!
  Wird das ein Fox, Walzer, Shuffle oder Rock 'n' Roll?!

- Auch wenn es sich nur um ein Motiv handelt, wählt zuerst die Tonart, die Taktart!
  Bedenkt ebenso im Voraus den Charakter des zukünftigen Titels!

  Ein Rat: Wenn Ihr unterhaltsame Musik schreiben wollt, komponiert sie auf dem Keyboard! Das ist viel wirkungsvoller als auf dem Klavier!

? ✎ ! Und jetzt lasst Euch etwas einfallen!

Komponiert Eure Motive!

Hört Euch die CD-Beispiele 1 – 8, 10 an! Es lohnt sich!

1.1. Die Eigenschaften des Motivs

Wir müssen noch eine Weile im Bereich des Motivs bleiben, um darüber noch einige Erläuterungen zu geben.

Damit ein Motiv leicht erkannt wird und in seinem Inneren diejenige Kraft entsteht und lebt, welche seine Erweiterung auslöst, müssen im Inhalt des Motivs die rhythmischen, melodischen, metrischen, harmonischen und dynamischen Eigenschaften sehr gut hervorgehoben werden.

Dies ist hauptsächlich für den Miniaturstil von großer Bedeutung und trifft für die Jazz-, Rock- und Popmusik voll zu. Das K e n n e n und M e i s t e r n der Eigenschaften des Motivs ist eine äußerst wichtige Voraussetzung für die weitere Bearbeitung und Entwicklung der Motivgruppen, Sätze und Perioden.

Welche Prioritäten haben die Eigenschaften des Motivs?
Welche ist die Wichtigste?

Wie die Geschichte verschiedener Völker zeigt, war der Rhythmus die wichtigste Erscheinung am Anfang und ist auch der wichtigste Bestandteil der Musik *„...als ursprünglich körperliche Bewegungsempfindung."*[7]

Es ist kein Zufall, dass die schwarzen Sklaven und ihre Nachfahren in Amerika so einfallsreich, so interessant in ihren Rhythmen waren. Sie haben es so gefühlt! Es ist kein Wunder, dass die Jazzmusik ihren Ursprung in der schwarzen Folklore hat. Der Rhythmus kann allein, ohne fremde Unterstützung leben und viel Ausdruck haben. Die Melodie hingegen weniger oder gar nicht. Im Falle der Musik der letzten Jahrzehnte, die sich so weit und vielseitig entfaltet hat, werden wir das so ausdrücken: Rhythmus und Melodie, als Eigenschaften des Motivs, sind immer im Vordergrund. Abhängig vom Motivinhalt wird entweder das eine oder das andere stärker sein. Zu den Eigenschaften des Motivs gehören außerdem auch Metrum, Harmonie und Dynamik. In ein paar Worten beschreiben wir, was das Wichtigste bei jeder Eigenschaft ist.

a. Der Rhythmus bildet – wie auch die Melodie –, eine der wichtigsten Eigenschaften des Motivs. Er ist aus einer rhythmischen Formel im Rahmen des Metrums aus verschiedenen, organisierten Notenwerten zusammengesetzt.

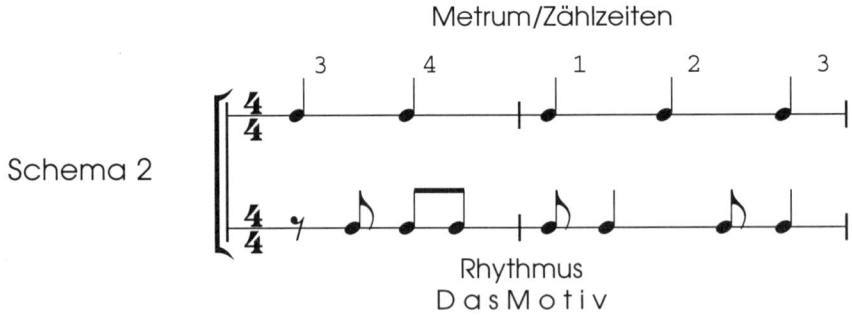

Schema 2

Rhythmus muss von Takt und Metrum unterschieden werden. Rhythmus ist ein Teil der musikalischen Gestaltung. Vorbild des musikalischen Rhythmus ist das Gefälle der Sprache mit Hebungen und Senkungen, Betonungen und Unbetonungen. Die Musik verdichtet diese Unterscheidungen in der Dauer der Töne, die sich im Laufe der Jahrhunderte streng und ausschließlich nach den Ordnungsprinzipien 2 oder 3 rationalisiert hat. Dem Rhythmus stehen verschiedene Werte zur Verfügung."[8]

Als Eigenschaft ist der Rhythmus für die Hervorhebung der musikalischen Idee des Motivs unentbehrlich. Ein Motiv ohne rhythmische Struktur ist unvorstellbar, und das umso mehr in der Jazz-, Rock- und Popmusik. Es ist auch nicht zu vergessen, dass die Pause, im Gegensatz zur Klangdauer, ebenfalls ein rhythmisches Element bilden kann.

Bsp. 11

Die Titel der Jazz-, Rock- und Popmusik prägen ihren Charakter durch den Rhythmus. Daran erkennen wir, dass eine bestimmte Komposition aufgrund der rhythmischen Formel eines Fox, Shuffle oder Rock komponiert wurde.
Im Folgenden möchten wir noch eine wichtige Erklärung im Hinblick auf den Rhythmus des Motivs machen. Unser Lebensrhythmus (der Puls, der Atem usw.) besteht aus „starken" und aus „schwachen" Schlägen bzw. aus betonten und unbetonten Schlägen. Genauso haben wir im Musikbereich mit betonten und unbetonten Zählzeiten zu tun, wie schon beim Takt (1. Das Motiv) erklärt wurde. Diese werden auf die eine oder andere Weise benannt, je nachdem ob die Motivendung **männlich** oder **weiblich** ist. Ein Motiv, welches auf einer betonten Zählzeit endet, wird als Motiv mit männlicher Endung betrachtet. Ein Motiv, welches auf einer unbetonten Zählzeit oder auf der zweiten Hälfte einer betonten Zählzeit endet, ist ein Motiv mit weiblicher Endung. Also sieht die männliche Endung im Zwei- und Dreivierteltakt, schematisch dargestellt, so aus:

Bsp. 12a) Bsp. 12b)

Die weibliche Endung sieht im Zwei- und Dreivierteltakt, ebenfalls schematisch dargestellt, so aus:

Bsp. 13a) Bsp. 13b)

Diese Endungsarten (weiblich oder männlich) haben maßgebende Wirkung auch auf die verschiedenen rhythmischen Formeln des Genres.

Bsp. 14a) männlich
Bsp. 14b) weiblich

Die Klangdaueränderungen wie z.B. Halbierungen oder Verdoppelungen der Notenwerte des Motivs (wie die Beispiele 15a) und 15b) zeigen), haben andere Funktionen und Bedeutungen. Die Verlängerungen oder Abkürzungen der Motivdauer beziehen sich üblicherweise auf die Tempoänderungen. In der Intro des Titels z.B. könnten wir dasselbe Motiv in dem doppeltlangsamen oder doppeltschnellen Tempo verwenden z.B.:

Bsp. 15a)

Bsp. 15b)

b. Die Melodie ist auch eine der wichtigsten Eigenschaften des Motivs. Sie ist aus Klangfolgen gebildet, welche auf einer rhythmischen Basis miteinander verschmolzen sind. „*Melodie (...) tritt in Erscheinung als in der Zeit sich entfaltende selbständige Tonbewegung (...). Melodie im engeren Sinne, als konkrete Erscheinung, enthält auch das rhythmische Element in sich.*"[9]

Die einzigen Möglichkeiten, die Melodie zu entfalten, sind der **Schritt** bzw. kleine und große Sekunde, und der **Sprung**, d. h. alle anderen Intervalle. Die Wiederholung ein- und derselben Notenhöhe baut keine Melodie auf. Der Effekt dieser Prozedur wäre einer Notenhöhe mit größerem Wert gleichzusetzen, wie z.B.:

Bsp. 16

Aus der Sicht des Kompositionsvorganges bestimmen die Richtungs- oder Notenänderungen gegenüber dem ursprünglichen Motiv bemerkenswerterweise nicht dessen Charakter.

Bsp. 17a)

Bsp. 17b)

Die rein melodischen Änderungen gefährden in geringem Maße das Erkennen des ursprünglichen Motivs. Auf diesem Phänomen beruht auch das Entstehen und die Entwicklung des Themas aus den Motiven. Durch weitere Bearbeitungen des Themas gewinnt das Motiv Raum und bekommt Form. In diesem Sinne sind die Grundsätze der Motivbearbeitung entscheidend.

c. Das Metrum ist die Eigenschaft des Motivs, das mindestens so wichtig ist wie der Rhythmus. Das Metrum ist „der Puls" des Rhythmus, in dem die gesamte Klangdauer übereinstimmt, wo die Akzente in gleichmäßigen Zeitabständen erscheinen. *„Innerhalb der auf dem Taktprinzip beruhenden Musik versteht man unter Metrum im allgemeinen eine auf qualitativer Abstufung gleichgroßer Zeitteile beruhende, musikalisch wirksame Ordnung oder Maßeinheit. Prototyp eines metrischen Ordnungsgefüges ist der Takt (...)."*[10]

Das erste Kriterium, nach dem sich ein Metrum von einem anderen unterscheidet, ist die **Taktstruktur**, also das Verhältnis von betonten und unbetonten Zählzeiten, die sich zwischen zwei Taktstrichen befinden und in denselben zeitlichen Abständen erscheinen. Das wichtigste Element dieser Motiveigenschaft ist die **metrische Ordnung**. Metrische Ordnung bedeutet die Lage der Notenwerte eines Motivs in Bezug auf die erste schwere Zählzeit des Taktes. Die Änderungen in diesem Bereich können an seiner Physiognomie und in seinem Ausdruck viel mehr als die Richtungs-, Intervall-, Höhen- oder Dauerveränderungen bewirken.

Diese Änderungen können den Charakter des Motivs derart verwandeln, dass man seinen ursprünglichen Inhalt nicht mehr erkennen kann.

Die metrischen und rhythmischen Eigenschaften des Motivs befinden sich in einer ständigen dialektischen Beziehung, und jede Eigenschaft hat eine unterschiedliche Funktion zu erfüllen:

- Das **Metrum** gibt an, in wie viele Grundzählzeiten ein Takt eingeteilt werden kann, und
- der **Rhythmus** verleiht dem Takt eine bestimmte Struktur mit Hilfe verschiedener Notenwerte.

„Während der Takt etwa der Metrik gleicht, schafft der Rhythmus noch feiner gegliederte Ordnungen..."[11]

d. Die Harmonie ist eine wichtige Eigenschaft des Motivs. Durch die auf die **Vertikale** aufgebauten Akkorde bildet die Harmonie eine Grundlage für die melodische Linie des Motivs. *„Harmonie ist das Zusammenstimmen von Verschiedenem oder Entgegengesetztem, musikalisch das Gefüge der Töne bzw. Klänge und in der Neuzeit der Akkord und Akkordzusammenhang."*[12] Harmonische Änderungen können den Motivcharakter beachtlich beeinflussen. Deshalb ermöglicht die neue harmonische Fassung, in der das Motiv zum zweiten Mal vorgestellt werden kann, nicht das sofortige Erkennen des ursprünglichen Motivs.

Dadurch wird z.B. der Refrain eines Songs durch eine zweite, neue Harmonisierung vor der Monotoniegefahr bewahrt. Das schadet dem Erkennen des Refrainthemas nicht. Es ist eher eine ästhetische Bereicherung.

e. Die Dynamik ist – last but not least – eine weitere Eigenschaft des Motivs. Sie zeigt uns die Wandlungen der Intensität im Laufe eines Stückes. *„Vom Ursprung her haben die dynamischen Hinweise einen dialektischen Charakter: sie bezeichnen bestimmte innermusikalische Formen und Strukturen, richten sich aber weiterhin zugleich an den Interpreten, dessen Aufgabe es ist, diese Linien und Umrisse sinngemäß wiederzugeben."*[13]

Wenn wir unser ursprüngliches Motiv betrachten, könnte es auch so aussehen:

Bsp. 20

Die Dynamik ist ein Mittel der Ausdrucksgestaltung. Durch ihre „vielfältigen" Möglichkeiten – zwischen *pppp* und *ffff* – gibt diese Eigenschaft dem Motiv „Licht und Schatten" und kann auf diese Art und Weise besondere Merkmale der Melodie hervorheben.

- Im Laufe des Kompositionsvorganges sind die Eigenschaften des Motivs sehr wichtig für die Arbeit!
- Sie können sogar Arbeitsmittel sein!
- Das sind keine Literaturtexte, sondern grundlegende Kenntnisse!

? ✏ ! Und jetzt lasst Euch etwas einfallen!

🎹 Komponiert Motive; dann neue Motive!

Hört Euch die CD-Beispiele 11, 14a)/b), 15a)/b), 16, 17a)/b), 18a)/b)/c)/d)/e), 19a)/b) und 20 an!

1.2. Die Grundsätze der Motivbearbeitung

Nun sind wir soweit, dass wir über die Motivbearbeitung sprechen können. Noch könnten wir uns den Versuch, eine Motivgruppe oder einen Satz zu schreiben nicht erlauben, weil das richtige Komponieren, ohne diese Grundprinzipien zu kennen unvorstellbar ist.

Und jetzt die Details:
Ein gut komponiertes Motiv, das für seine Enwicklung immer offen bleiben muss, beinhaltet viel Energie und Ausdruckskraft, was zugleich seine Weiterentwicklung erforderlich macht. Hierfür stehen mehrere Grundsätze (Prinzipien) zur Verfügung.

„...Wiederholung in anderer Tonlage, Steigerung der Lebendigkeit durch Zuwachs figurativer Elemente, auch Erweiterung der Intervalle zur Verstärkung des Ausdrucks, Fortschreitung der Harmonie, selbst Veränderungen der Richtung der Tonbewegung bis zur völligen Negation durch die Umkehrung..."[14]

Die Geschicklichkeit, diese Grundsätze zu meistern, ist ausschlaggebend auch im Jazz-, Rock- und Popmusik-Bereich. Jetzt wollen wir diese Grundsätze kurz auflisten und präsentieren:

a. Die Wiederholung. Nach diesem Grundsatz wird das ursprüngliche Motiv auf derselben Stufe wiederholt, ohne irgendwelche Neuerungen. Seine Aufgabe ist es, die vorherige melodisch-rhythmische Formel (Motiv) durchzusetzen.

Bsp. 21

b. Die Sequenzierung. Nach diesem Grundsatz wird das ursprüngliche Motiv auch wiederholt, aber auf einer anderen Stufe.

Bsp. 22

c. Die Umspielung. Nach diesem Grundsatz wird das ursprüngliche Motiv mit melodisch-rhythmischen Figurationen bereichert, die aber keine wesentlichen Änderungen mit sich bringen.

Bsp. 23

d. Die Umkehrung. Nach diesem Grundsatz ändert das ursprüngliche Motiv die Richtung der Motivintervalle und kann drei Varianten haben:

– m e l o d i s c h: dadurch wird die Melodierichtung des Motivs „im Spiegel" umgekehrt, ohne den Rhythmus zu berücksichtigen,

Bsp. 24

– r h y t h m i s c h: dadurch wird die Rhythmusrichtung des Motivs „im Spiegel" umgekehrt, ohne die Melodie zu berücksichtigen,

Bsp. 25

– t o t a l: dadurch wird sowohl die Melodie- als auch die Rhythmusrichtung „im Spiegel" umgekehrt.

Bsp. 26

e. Die Vergrößerung. Nach diesem Grundsatz bringt das ursprüngliche Motiv durch eine Verdoppelung der Notenwerte eine zeitliche Verlängerung des Motivs.

Bsp. 27

f. Die Verkleinerung. Nach diesem Grundsatz bringt das ursprüngliche Motiv durch eine Halbierung der Notenwerte z.B. eine zeitliche Verkürzung des Motivs.

Bsp. 28

g. Die Erweiterung. Nach diesem Grundsatz wird das ursprüngliche Motiv ergänzt oder verlängert und bekommt neue Dimensionen.

h. Die Motivteilung. Durch die Einteilung des Motivs in zwei Zellen*) bekommt üblicherweise eine davon ein größeres Gewicht und wird zum Grundelement, was die weitere musikalische Entfaltung ermöglicht. Diesem Vorgang begegnet man des öfteren in der E-Musik, wo er meist in Übergängen und Durchführungen zu finden ist. Es ist aber nicht ausgeschlossen, dass er auch in der Jazz-, Rock- und Popmusik vorkommt.

- Macht Euch mit diesen Grundsätzen der Motivbearbeitung möglichst schnell vertraut!
  Sie bedeuten den grundlegenden Anfang im Kompositionsbereich!

- Nur dadurch könnt Ihr das Motiv, das „entsprossen" ist, weiterentwickeln!

- Obwohl diese Mittel nicht alle gleich häufig notwendig sind, habt Ihr aber alle jederzeit zur Verfügung!

? ✍ ! Und jetzt lasst Euch etwas einfallen!
Entwickelt Motive auf Basis dieser Grundsätze der Motivbearbeitung!

💿 Hört Euch die CD-Beispiele 21 - 30 an!

---

*) Manche Theorien behaupten, dass das Motiv auch kleinere Einteilungen haben kann. Diese sind die Zellen (Teilmotive).

2. Die Motivgruppe

Das Motiv ist, wie beschrieben, nur ein erster, rhythmisch-melodischer, offener Abschnitt. Der erste Schritt für die Entwicklung eines Motivs im Kompositionsvorgang ist die Verbindung der Motive zu Zweiergruppen. Das wird durch die Anwendung der Grundsätze der Motivbearbeitung erreicht.
„...so ist einleuchtend, dass diese Art der Gegenüberstellung selbst bereits ein Formen, ein Zusammensetzen, – Komponieren – ist."[15]
Graphisch werden wir die Motivgruppe mit einer Linie darstellen, die doppelt so lang wie die Motivlinie ist.

Eine Motivgruppe /_____ /_____ /
Schema 3

Das erste Motiv, die **Frage**, wird mit einem weiteren Motiv, der **Antwort**, verbunden wie z.B.

Bsp. 31

Die Anfangsbedingung ist, dass die Motivgruppe einen natürlichen und logischen Bestandteil bildet. Die **metrische Länge** der Motive muss beibehalten werden. Die beiden Motive der Motivgruppe dürfen nicht zeitlich verschiedene Längen haben. Nur Motive gleicher Dauer können zusammengesetzt werden und Strukturen von Qualität bilden. In diesem Sinne ist die so gebildete Symmetrie die **erste Entstehung** der Form. Die Verbindung der beiden Motive miteinander übt einen entscheidenden Einfluss auf die Art des Satzes und der Periode aus, was schließlich sogar auf das Stück als Ganzes eine maßgebende Wirkung haben kann.
Durch die verschiedenen Rhythmen, welche die Motive beinhalten, kann die Motivgruppe Expressivität bekommen und es können weitere Entwicklungen entstehen.

- Die Eigenschaften des Motivs und die Grundsätze der Motivbearbeitung wurden gezeigt!

- Verbindet die Motive hintereinander!

- Nur aufpassen! Diese zwei Teile, die Motive müssen überzeugen, es muss zwischen ihnen ständig eine organische Verbindung existieren!

- Sie sind abhängig voneinander!

Und jetzt lasst Euch etwas einfallen!
Lasst die Motivgruppe entstehen!

 Hört Euch das Beispiel 31 an!

2.1. Die Motivgruppentypen

Grundsätzlich, wie im Falle des Motivs, ♩|♩ wo die unbetonte Zählzeit (Auftakt) leicht und die betonte (Abtakt) schwer ist, wird auch im Falle der Motivgruppe das erste Motiv leicht und das zweite schwer sein.

Obwohl die Motivgruppe nur ein kleines musikalisches Gebilde ist, kann sie ausgeprägte Kennzeichen haben. Mehr noch, sie kann auch verschiedene Ausdrucksformen beinhalten. Wie wir feststellen werden, wird abhängig von dem rhythmischen und melodischen Inhalt des zweiten Motivs, auch der Charakter der Motivgruppe endgültig festgelegt. Für den Charakter der Motivgruppe ist grundsätzlich in erster Linie nicht die Melodie, sondern die Rhythmik bestimmend, vorausgesetzt, dass die Grundsätze der Motivbearbeitung berücksichtigt werden. Also, abhängig von der Ähnlichkeit oder Unterschiedlichkeit der Motive, die zusammengebunden sind und eine Motivgruppe darstellen, unterscheiden sich auch zwei Motivgruppentypen, die hier mit **A** und **B** gekennzeichnet werden sollen. Wie schon erläutert, sind beide Motivgruppentypen natürlicherweise auf dem Prinzip *leichtes Motiv – schweres Motiv* gegründet. Wie wir aber in der Fortsetzung feststellen werden, gibt es im Bereich der Motivgruppentypen, die in Hinblick auf das Jazz-, Rock- und Popmusik-Genre erklärt werden, eine einzige Ausnahme. Dieser außergewöhnliche dritte Typ, und zwar **C** genannt, ist derjenige, der besonders apart wirkt. Sein Bauprinzip ist umgekehrt, also *schweres Motiv – leichtes Motiv*. Nun aber wollen wir auf diese Motivgruppentypen näher eingehen:

a. Der Motivgruppentyp A

```
              A
/_____a_____/_____a_____/     großer Buchstabe = Motivgruppe
  leicht       schwer         kleiner Buchstabe = Motiv

        Schema 4
```

Der vor dem zweiten **a** stehende Strich zeigt, dass es sich um das zweite Motiv handelt. Es ist das antwortende, also das schwere Motiv. Das zweite Motiv kann nur eine Wiederholung des ersten sein. Die Sequenzierung, mit oder ohne Auftaktergänzung, ist der Wiederholung ähnlich. Die Umkehrung ermöglicht ebenfalls das Erkennen desselben Motivs. Deshalb ist das zweite Motiv auch mit **a** bezeichnet.

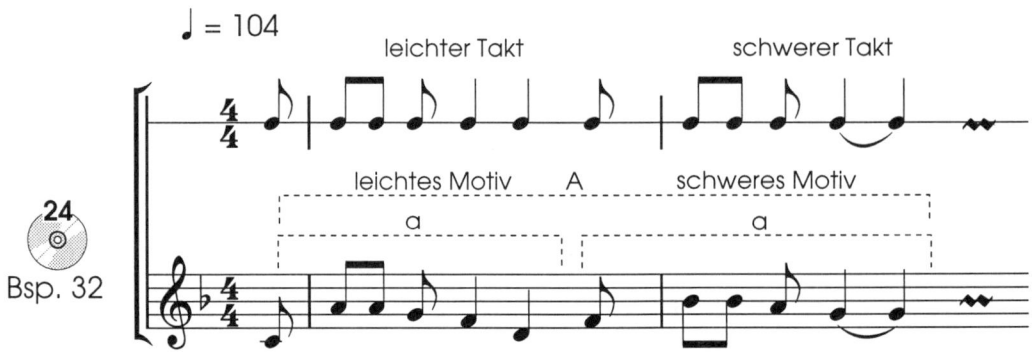

Bsp. 32

b. Der Motivgruppentyp B

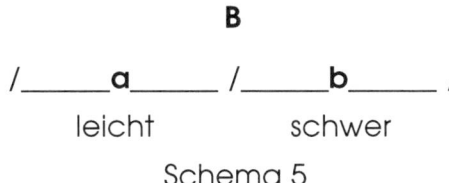

Auch im Falle des Motivgruppentyps **B**, zeigt der Strich vor dem **b**, dass dieses Motiv das zweite ist. Es ist das antwortende, also das schwere Motiv. Wie man sieht, wird der Motivgruppentyp B, im Unterschied zum Typ A, aus zwei Motiven mit verschiedenen Inhalten gebildet. Das zweite Motiv hat eine andere melodisch-rhythmische Beschaffenheit und unterscheidet sich grundlegend vom ersten. Deshalb ist das zweite Motiv mit **b** bezeichnet.

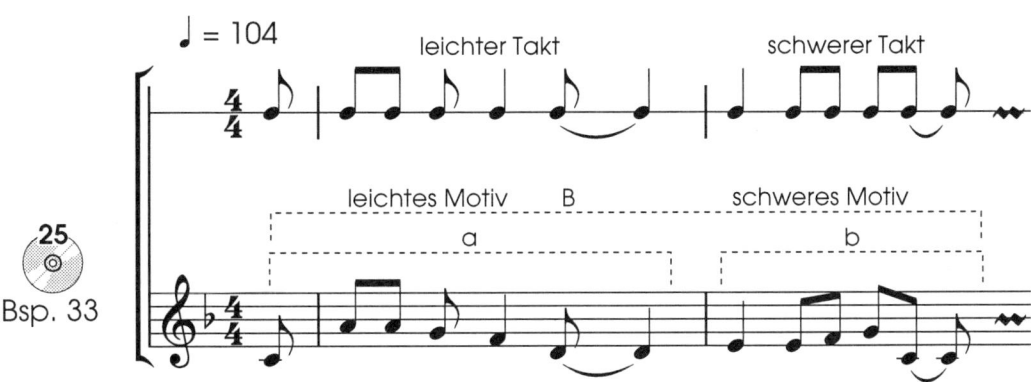

Bsp. 33

c. Der Motivgruppentyp C

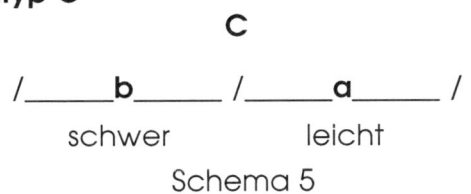

Der Motivgruppentyp **C** ist in seiner inhaltlichen Struktur (b/a) genau wie im Falle des Motivgruppentyps B (a/b) aus zwei verschiedenen Motiven zusammengesetzt. Es ist also kein Fehler, dass in diesem Fall die zwei Motive, aus denen der Motivgruppentyp besteht, mit b/a und nicht mit a/b notiert wurden. Auch in diesem Fall zeigt der Strich vor dem Motiv **a**, dass dieses Motiv das zweite ist. Merkwürdigerweise aber ist dieses Motiv **a** das *Fragende*, also das leichte Motiv. Bei diesem Motivgruppentyp – im Gegensatz zu den Motivgruppentypen A und B –, ist der Charakter des Motivs im Vergleich zu dem Charakter des Taktes umgekehrt, also *schweres Motiv – leichtes Motiv*. Nur wegen der Umkehrung des Charakters des Motivs gegenüber dem Charakter des Taktes, und <u>nicht</u> wegen des Grundinhalts der Motive selbst, wurde dieser Motivgruppentyp mit C bezeichnet.

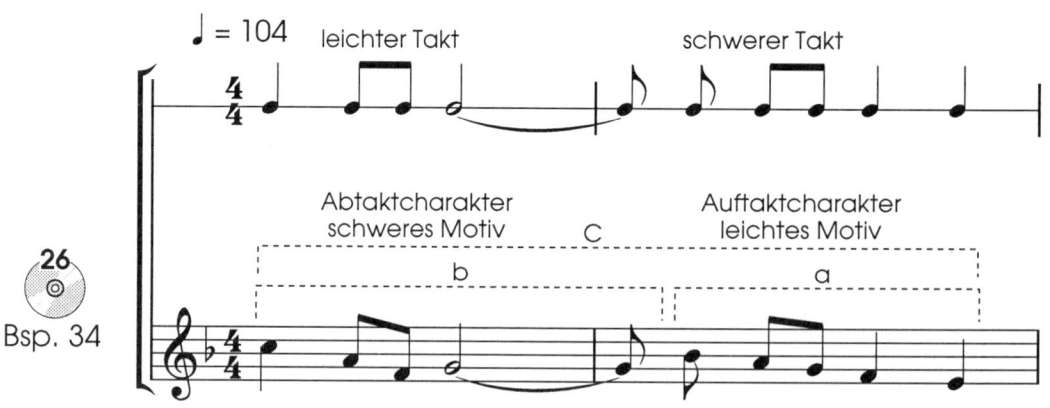

Bsp. 34

Auf dieser Weise stellt der gegenläufige Charakter des Motivs zum Takt nachdrücklich eine Spannung „zweier kontrapunktischer Weltteile" dar.

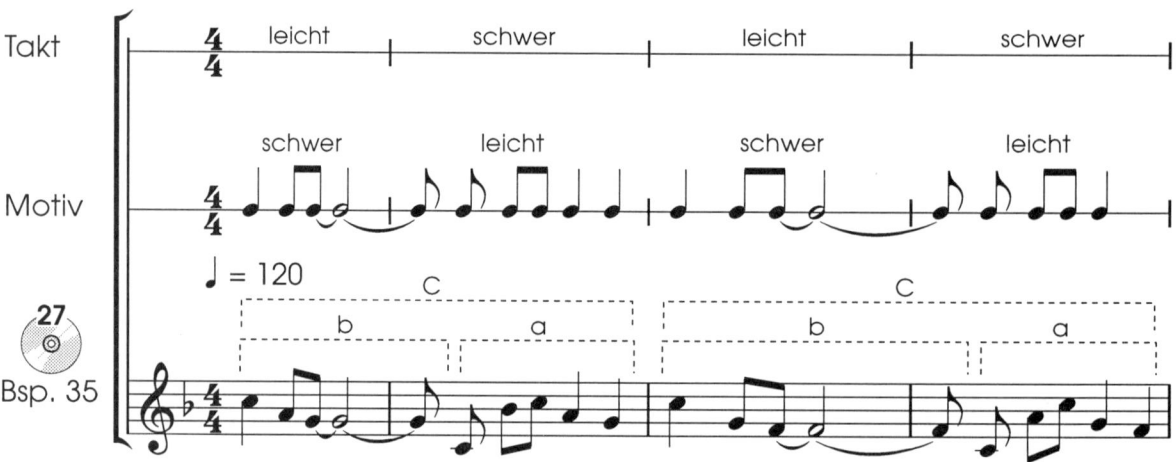

Bsp. 35

In der Fortsetzung ein achttaktiges Thema aus vier Motivgruppentypen C zusammengesetzt bzw. komponiert.

Bsp. 35a)

Eine derartige, aus dem Motivgruppentyp C komponierte Melodie ist immer mit der Metrik „im Konflikt". Auf diese Art und Weise entwickelt sich die Melodie mit einem solchen Charakter unabhängig und ist dem Pulsschlag der Metrik entgegengesetzt. Die Zählzeiten des leichten Motivs bilden immer einen Auftakt für das schwere Motiv. Bedingung ist, dass die Notenwerte des leichten Motivs **klein** und die Notenwerte des schweren Motivs **groß** sind.

Der Motivgruppentyp C bleibt eine „lebendige Einheit".
„*Je nachdem ob dieser Typus rein durchgeführt oder mit dem ersten oder zweiten kombiniert wird, ergibt er neue Sätze...*"[16] bzw. den Satztyp **CC**.
„*Durch Kombinationen zweier solcher Sätze des Typus CC entsteht ein neuer Periodentypus*"[17] und zwar der Periodentyp **CCCC**.

Aber sowohl der Satztyp CC als auch der Periodentyp CCCC haben keine Varianten. Sie können sich dem Muster anderer Satz- und Periodentypen anpassen. Wichtig ist, wie gesagt, dass der Charakter des Motivs im Vergleich zum Charakter des Taktes umgekehrt ist.
Riemann sagt: „*Der Unterschied der Wirkung solcher Anfänge mit dem schweren Motiv (...) besteht in einer erheblich vermehrten Breite und Großzügigkeit (...) Themen, welche solche Anfänge mit einer schweren Zeit festhalten, gewinnen damit Raum zur Entwicklung breiterer Endbildungen.*"[18]

- Was Ihr gewünscht habt, ist jetzt da!
  Was wohl? – Das Komponieren!

- Komponiert sowohl Motivgruppentypen
  A als auch B!

- Und wie wäre es mit dem Motivgruppentyp C?
  Komponiert Motivgruppentypen, die seinen
  ausdrucksvollen Charakter zeigen können!

? ✍ ! Also, lasst Euch etwas einfallen!
So komponiert Ihr etwas sehr Gutes, Wertvolles, weil die
Motivgruppe schon Kunst darstellt!

Hört Euch die CD-Beispiele 31 - 35 an! Sie können immer eine neue
Idee bringen!

3. Der Satz

Ein Motiv, das eine einfallsreiche Antwort durch ein zweites Motiv bekommen hat, bildet eine Motivgruppe. Die Motivgruppe bleibt aber ein noch offenes Gebilde, das eine gewisse „Unzufriedenheit" aufkommen lässt. Eine Motivgruppe, die nun eine einfallsreiche Antwort durch eine zweite Motivgruppe erhält, lässt einen Satz entstehen.

Graphisch können wir den Satz mit einer Linie darstellen, die doppelt so lang wie die Motivgruppenlinie ist.

Ein Satz   /_____/_____/_____/_____/

Schema 7

Der Satz kommt als **Vordersatz** oder als **Nachsatz** vor. Er stellt die erste Einheit dar, die wir unabhängig davon, ob er ein Offener (Vordersatz) oder Schließender (Nachsatz) ist, als zufriedenstellend empfinden. Das ist äußerst wichtig vor allem für die Jazz-, Rock- und Popmusik, wo die viertaktigen Sätze maßgebend sind.

Nur ein Beispiel eines Satzes, der einen rockigen Charakter hat:

Jahrhundertelang, bevor die gehobene E-Musik für die Aristokratie komponiert wurde, war die Volksmusik die einzige Musik überhaupt. Wegen ihres – fast immer – viertaktigen Satzes ist diese Musik meist einfach, leicht verständlich, und deswegen wurde und wird sie auch heute noch in großem Maße im Gesang und in der Instrumentalmusik verwendet. Dies trifft genauso für die Jazz-, Rock- und Popmusik zu, wo die Viertaktigkeit der Sätze äußerst wichtig ist. Auch dadurch hat ein Song z.B. die Chance, dass er von Tausenden von Liebhabern des Genres gesungen, gespielt und/oder getanzt wird.
Die Gliederung des Satzes (vier Motive) ist die Quintessenz eines Stückes, das ein Hit werden soll! Selbstverständlich fehlen im Jazz-, Rock- und Popmusik-Bereich auch Gegenbeispiele nicht, die für uns eine andere Bedeutung haben. Damit werden wir uns später beschäftigen. Der Satz ist ein musikalisches Gebilde, welches melodisch und rhythmisch imstande ist, das Thema bzw. die Schlagzeile eines Liedes darzustellen.

Riemann benennt den Satz: „...*jedes einzelne Glied eines Tonstückes, welches an und für sich selbst einen vollständigen Sinn bezeichnet, wobei – je nach ihrer - interpunktischen - rhythmischen - und logischen Beschaffenheit*"[19] verschiedene Möglichkeiten unterschieden werden.

- Eines ist klar! Wenn Ihr nun alle drei Motivgruppentypen einwandfrei komponieren könnt und diesen die notwendige Ausdruckskraft verleiht, könnt Ihr auch mit dem Satz gut umgehen! Das reicht aber nicht!

- Auch die Sätze müssen viel Expressivität beinhalten!

- Verbindet nun die Motivgruppen miteinander!
  Aber Vorsicht! Die organische Verbindung zwischen den Motivgruppen muss überzeugend sein!
  Davon ist die Qualität abhängig!

 Und jetzt lasst Euch etwas einfallen!
Lasst Sätze entstehen!

Hört Euch das Beispiel 36 an!

3.1. Die Satztypen

Dank der zwei Arten von Motivgruppentypen A und B kann der Satz in vielen Varianten vorkommen, was äußerst vielfältige Möglichkeiten bietet. Dieses erklärt, dass über die Zeit hinweg immer wieder neue und originelle Themen entstehen konnten. Das ist in der Fortsetzung zu sehen, wo wir die **Satztypen** darstellen werden.

Wie bei der Motivgruppe werden die Bestandteile des Satzes mit Buchstaben notiert. Jeder groß geschriebene Buchstabe stellt eine Motivgruppe, jeder klein geschriebene Buchstabe stellt ein Motiv dar. Die darunter geschriebenen Zahlen zeigen die Position des Motivs im Satz.

Empfehlenswert ist, dass sich gleichartige Motive **a/a** oder **b/b** z. B. die, die Motivgruppen darstellen und Bestandteile der Sätze sind, durch kleine melodisch-rhythmische Änderungen voneinander unterscheiden. Das ist sogar ein Beitrag zum ästhetischen Wert der Jazz-, Rock- und Popmusik. Der Buchstabe **v** bezieht sich auf das Wort **variiert**. Wenn wir im Falle einer zweiten Präsentierung eines Motivs z.B. auf eine kleine Notenbereicherung des Motivs oder eine Synkopierung durch vorgezogene Noten stets verzichten würden, dann bliebe die gesamte Kompositionskunst ein mechanisches, trockenes Spiel. (s. Bsp. 37)

Für Bsp. 37 bis 66 gilt Metronom ♩ = 126

Bsp. 37

Noch eine Bemerkung zum Satztyp **A A**; auch Riemann sagt: „*Derartige Beispiele sind aber zur Nachahmung nicht zu empfehlen.*"[20] Die Gründe sind: Die Verbindung zweier Motivgruppen A, welche den Satztyp A A bilden würden, ermüdet durch die fortdauernde Nachahmung des gleichen Motivs, lässt zu viel Monotonie entstehen. Außerdem wirkt es bruchstückhaft und ermöglicht keinen weiten Atem. Und doch, in der Musikliteratur ist auch dieser Satztyp A A anzutreffen, aber selten. Jedoch verändert, durch kleine inhaltliche Änderungen der Motivstruktur, lassen sich solche Sätze vor allem in Pop- und Rockmusik gut komponieren. Ein solches Beispiel folgt anschließend. Die Satztypen sind folgende:

a. Der Satztyp A A:

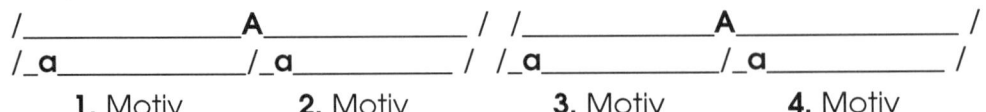

Dieser Satztyp wird seltener verwendet.

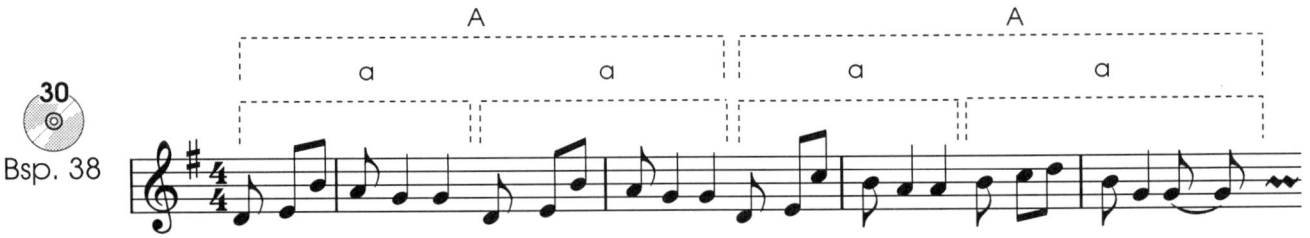

Bsp. 38

b. Die Satztypen A B:

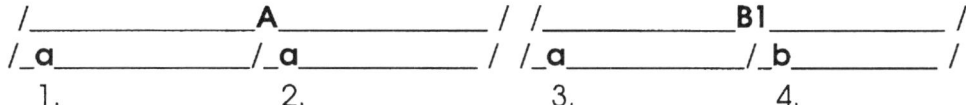

Wenn das erste Motiv **a** mit Auftakt entworfen wurde, behalten auch die anderen Motive **a** den Inhalt des Auftaktes. Das dritte Motiv ändert normalerweise nur die Endung bzw. *weiblich* oder *männlich*, und als viertes kommt ein neues Motiv **b**.

Bsp. 39

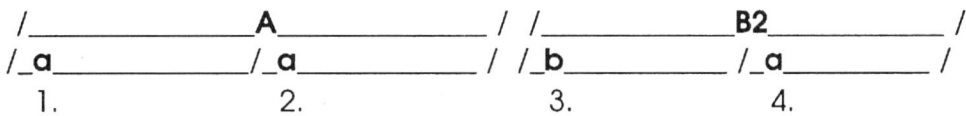

Wenn das erste Motiv mit Auftakt entworfen wurde, ändern die anderen Motive grundsätzlich den Auftakt und behalten normalerweise die Endung bzw. *weiblich* oder *männlich*. Als drittes kommt ein neues Motiv **b**.

Bsp. 40

kommt seltener vor bzw. wird grundsätzlich nicht bei der ersten Vorstellung des Themas verwendet. Dieser Satztyp erscheint eher als Nachsatz.

Bsp. 41

c. Die Satztypen B B:

```
/_____B_____/  /_____B1_____/
/_a_____/_b_____/  /_a_____/_b_____/
1.           2.                3.         4.
```

Beide Motive **a** müssen ohne Auftakt sein. Sie bedeuten eher eine Vorbereitung für beide Motive **b** – die *schweren* Motive –.

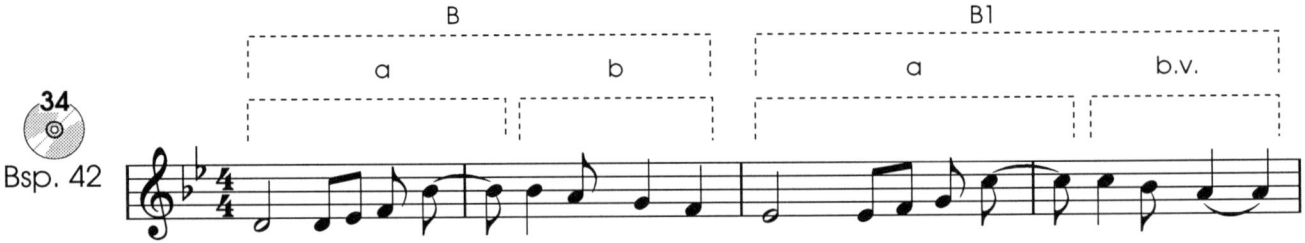

Bsp. 42

```
/_____B_____/  /_____B2_____/
/_a_____/_b_____/  /_a_____/_b_____/
1.           2.                3.         4.
```

Das zweite Motiv **a** erscheint als vollständiges Motiv, also mit Auftakt.

Bsp. 43

```
/_____B_____/  /_____B3_____/
/_a_____/_b_____/  /_a_____/_b_____/
1.           2.                3.         4.
```

Beide Motive **a** aus beiden Motivgruppen sind vollständig bzw. haben Auftakte. Wenn das erste Motiv **b** nur eine Bereicherung des ersten Motivs **a** darstellt, dann ist das zweite Motiv **b** (4-ter Takt) im Satz wesentlich verändert. Dadurch ist der Satztyp **BB3** dem Satztyp **AB1** ähnlich. Hier aber erscheint das Motiv **b**, also das vierte Motiv im Satz, nicht so verändert.

Bsp. 44

```
/_____B_____/  /_____B4_____/
/_a_____/_b__(a.v.)_____/  /_a_____/_b__(c)_____/
  1.              2.                3.              4.
```

Anstelle des ersten Motivs **b** kann auch das variierte Motiv **a** verwendet werden und anstelle des zweiten Motivs **b** ein Motiv **c** erscheinen.

Bsp. 45

```
/_____B_____/  /_____B5_____/
/_a_____/_b_____/  /_b_____/_c_____/
  1.              2.                3.              4.
```

Das dritte Motiv wiederholt selten das zweite Motiv.

Bsp. 46

Deswegen kann der zweite Motivgruppentyp B, und zwar B5 auch als Abweichung aus zwei völlig neuen Motiven bzw. c, d zusammengestellt werden. Dieser Satztyp aus vier verschiedenen Motiven (a, b, c, d) ist selten anzutreffen, aber möglich.

d. Die Satztypen B A:

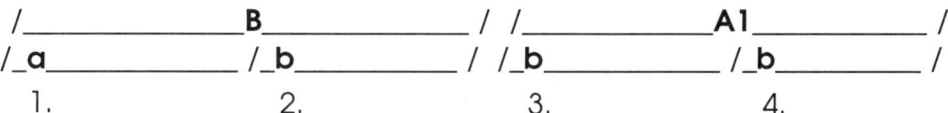

```
/_____B_____/  /_____A1_____/
/_a_____/_b_____/  /_b_____/_b_____/
  1.              2.                3.              4.
```

Wenn das dritte und vierte Motiv **b** aus der Motivgruppe **A1** eine Nachbildung des zweiten Motivs **b** aus der Motivgruppe **B** bedeutet, dann entsteht der Satztyp **B A1**. Dieser Satztyp mit einer solchen Struktur wird selten verwendet werden.

Bsp. 47

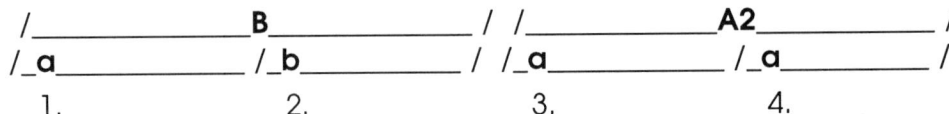

Wenn das dritte und vierte Motiv **a** aus der Motivgruppe **A2** die gleiche Struktur des ersten Motivs **a** aus der Motivgruppe **B** haben, dann entsteht der Satztyp **B A2**. Er kommt seltener vor.

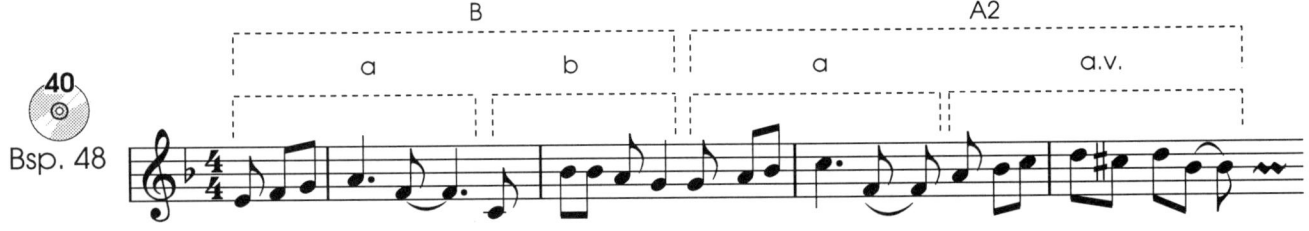

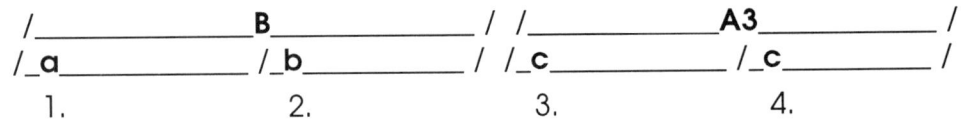

Die Motivgruppe **A3** bringt ein neues Motiv **c**. Dadurch ist keine thematische Beziehung zwischen der ersten und zweiten Motivgruppe vorhanden, aber durch die rhythmische Struktur ist die Symmetrie verständlich.

 • Jetzt steckt Ihr mitten im Kompositionsvorgang!

• Kennt Ihr alle möglichen Satztypen? Wenn nicht, übt die Satztypen in der Reihenfolge!

? ✍ ! Lasst Euch jetzt vieles einfallen!
Komponiert viele Sätze aller Arten!
Ihr werdet sehen, dass Ihr viele davon für Eure zukünftigen Songs verwenden könnt!

Hört Euch die CD-Beispiele 37 - 49 an! Das hilft immer!

4. Die Periode

Die musikalische Gestaltung, welche die ganze melodisch-rhythmische Entfaltung vollendet, ist die Periode. Besonders durch die Endung des Nachsatzes gibt uns die Periode das Gefühl der Vollkommenheit, und das um so mehr in den kleinen Formen, die die Jazz-, Rock- und Popmusik verwenden.

Eine **Periode** = 2 x 1 **Satz** bzw.

Schema 8

Vordersatz
/_____ /_____ /_____ /_____ /

Nachsatz
/_____ /_____ /_____ /_____ /

Die Periode ist nicht mehr ein Teil der Mikrostruktur des Kompositionsvorganges, sondern sie ist schon die **Form** für sich! Die achttaktige Periode kann schon den ersten Teil einer Jazz-, Rock- oder Popmusik-Komposition darstellen.
Und jetzt ein Pop-Beispiel:

„Die aus 8 »Normaltakten« (...) bestehende Periode, deren Gliederung durch die um Tonika und Dominante zentrierte Harmonik unterstrichen wird", ist nach Riemann „das »normative Grundschema« eines musikalischen Satzes..."[21]

Je mehr Ähnlichkeit zwischen den entsprechenden Motiven zweier Sätze, welche eine Periode bilden, existiert, um so deutlicher wird es, dass die Periode aus zwei symmetrischen Bestandteilen zusammengesetzt ist. Der Begriff Ähnlichkeit besagt, dass das erste Motiv des Vordersatzes dem ersten Motiv des Nachsatzes, das zweite Motiv des Vordersatzes dem zweiten Motiv des Nachsatzes usw. ähnelt. Deshalb ist das Abbild der achttaktigen Periode, welche die Spaltung in zwei symmetrischen Teile <u>nicht</u> erlaubt, folgendes:

Schema 9

/_____ /_____ /_____/_____*)_____ /
/_a_____ a_____a____b_ / _a___b.v.__c_____d_____ /

         Der Satz **AB1**   Der Satz **BB5**

---
*) **v** bezieht sich auf das Wort variiert

Und jetzt, auf der Struktur dieses Schemas, ein Beispiel im Jazzstil:

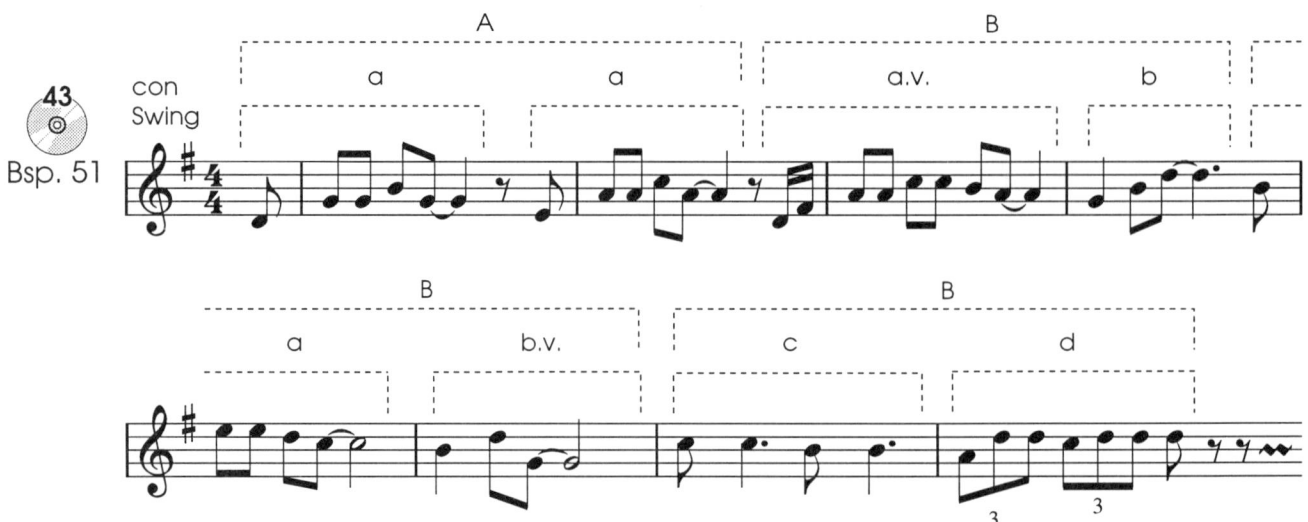

Das aber verhindert nicht das Komponieren von Perioden, welche aus zwei symmetrischen Sätzen zusammengesetzt sind. Ein klares Beispiel dafür ist die erste Periode, die im nächsten Kapitel beschrieben wird. Unabhängig jedoch von der Ähnlichkeit zwischen den Sätzen endet der Vordersatz schwebend. Der Nachsatz endet grundsätzlich entweder auf der Dominante, falls die Periode wiederholt werden soll, oder auf der Tonika (Grundton). Selbstverständlich sind auch Ausnahmen immer möglich.

> Durch die Ähnlichkeit der Motive des Vordersatzes gegenüber den Motiven des Nachsatzes in derselben Reihenfolge wird die Periode gespalten. Die Verschiedenheit der Motive des Vordersatzes gegenüber den Motiven des Nachsatzes in derselben Reihenfolge einigt die Periode.

Musikwerke großer Dimensionen, wie z.B. die Sonate, vermeiden die Ähnlichkeit, weil sie einen weiten Atem brauchen. Die Jazz-, Rock- und Popmusik hingegen zieht die Ähnlichkeit in der „miniaturalen" Verarbeitung vor, und erweckt auf diese Weise das Interesse des Zuhörers.

Wenn wir eine rückwirkende Analyse der Bestandteile des bisher erläuterten Kompositionsvorganges machen, erhalten wir als Schlussfolgerung das nachstehende Schema.

Schema 10

/_____ / Motiv

/_____ /_____ / Motivgruppe (zwei Motive)

/_____ /_____ /_____ /_____ / Satz (zwei Motivgruppen)

       Vordersatz   Nachsatz
/_____ /_____ /_____ /_____ //_____ /_____ /_____ /_____ /
                                         Periode (zwei Sätze)

In unseren Erklärungen betrachten wir jeden motivischen Bau als gültig (Motiv → Motivgruppe → Satz → Periode), welcher doppelt so lang wie der vorherige ist. Weil dieses Buch für Jazz-, Rock- und Popmusiker bestimmt ist, erscheint dieser Gesichtspunkt um so wichtiger, da ein Satz oder eine Periode, welche die Schlagzeile oder sogar den Titel darstellt, leicht zu behalten sein soll.

Außer der von uns verwendeten Terminologie gibt es auch andere, die wegen der verschiedenen Theorien den motivischen Bau unterschiedlich definieren. Weil unabhängig davon dasselbe gemeinsame Ziel erreicht wird, was wesentlich ist, sollen die Meinungsverschiedenheiten um diese Fachausdrücke keine wichtige Rolle spielen.

- Nun seid Ihr schon im Bereich der Liedform gelandet!

- Die Periode kann jederzeit z.B. einen Refrain darstellen!
  Das ist die Quintessenz Eurer Ziele!

- Analysiert die schon komponierten Sätze!
  Welcher davon lässt sich ganz natürlich weiterentwickeln?

  Nichts soll mit „muss" gemacht werden,
  weil es sonst nicht gut klingt!

 Und jetzt lasst Euch etwas einfallen!
Lasst Perioden entstehen!

Hört Euch die CD-Beispiele 50 und 51 an!

4.1. Die Periodentypen

Ein Einfall, den wir für wertvoll halten, „fließt" so, wie unsere Vorstellungskraft es „diktiert". Die Richtungen der Entwicklung dieser Idee sind unbegrenzt. Auf Basis dieser Kenntnisse, mit einer besonderen **Begabung** und viel **Gefühl** für alles, was für diese Musikart typisch ist, kann sich schnell diese erste Idee in einer **Periode** entwickeln. Die Vielseitigkeit der Satztypen bieten für die Periode eine umfangreiche Palette, was ein besonderes Gewicht für die Musik generell hat. Das Ganze ist vor allem für die Jazz-, Rock- und Popmusik von Bedeutung, Musik bei der, wie gesagt, die „miniaturale", achttaktige Form vorrangig ist.

Also, in der logischen Reihenfolge zweier Sätze würden wir eine Periode aufbauen. Aber die Periodentypen, die wir mit der großen Auswahl von Sätzen komponieren können, sind fast unbegrenzt. Heutzutage können wir exakt ausrechnen, wie viele Möglichkeiten es in der Tat sein können. Aber nur, wenn wir an die zwölftonartige oder serielle Musik z.B. denken, würde die Musik in einer direkten Verbindung mit der Mathematik stehen. Es handelt sich aber hier um Kreativität, um Komposition und nicht um Rechnen.

Wir möchten ganz einfach Perioden – die in der Mehrheit der Fälle Refrains sind – komponieren. Im Laufe der Zeit hat sich gezeigt, dass bestimmte Satzkombinationen, die eine Periode darstellen, wesentlich öfter als andere verwendet wurden; andere wiederum viel seltener vorkommen und das vor allem deswegen, weil diese Satzkombinationen weniger zusammenpassen. Aus diesem Grund werden wir in der Fortsetzung – außer einigen Ausnahmen –, die Periodentypen betrachten, die am häufigsten vorkommen.

a. Einige Periodentypen A B A B:

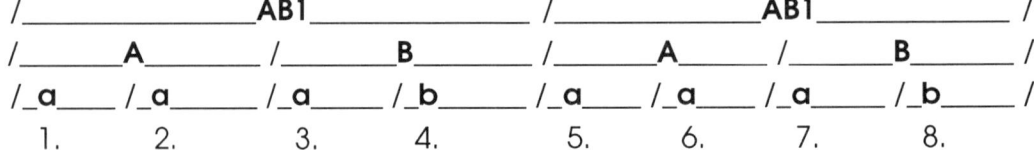

Bsp. 52

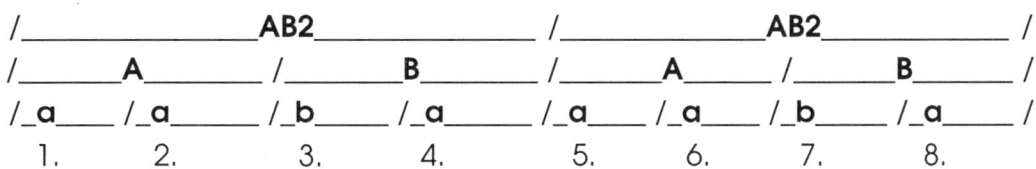

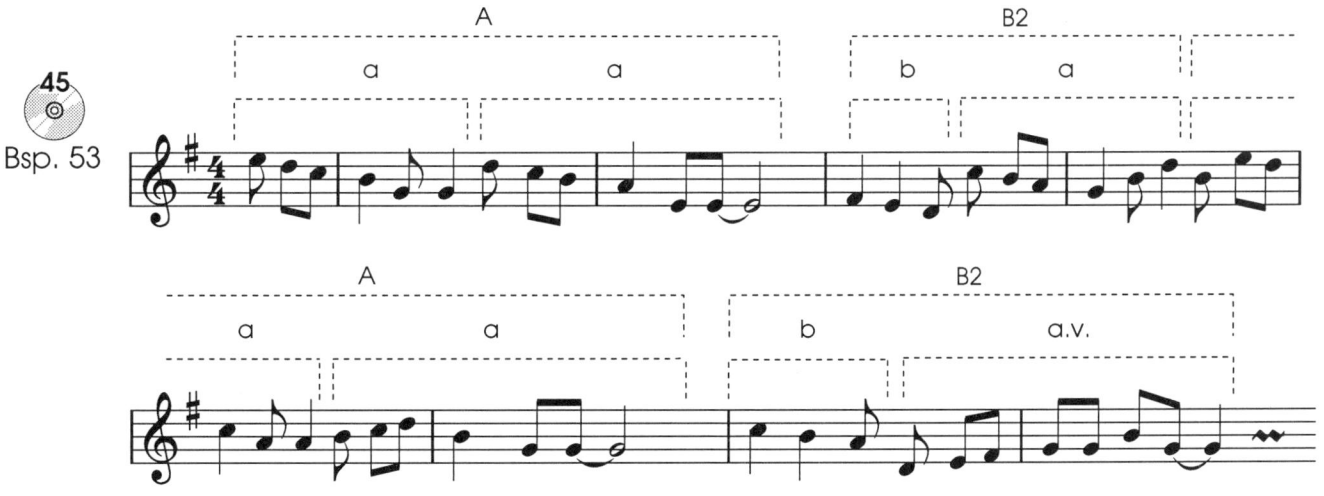

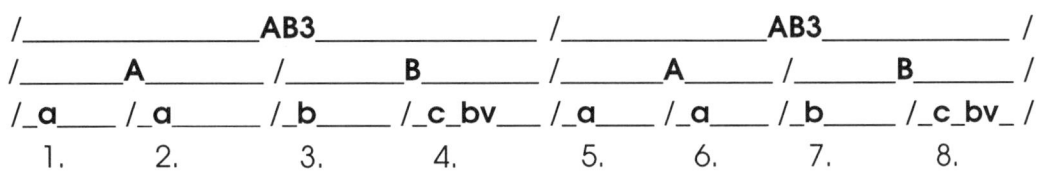

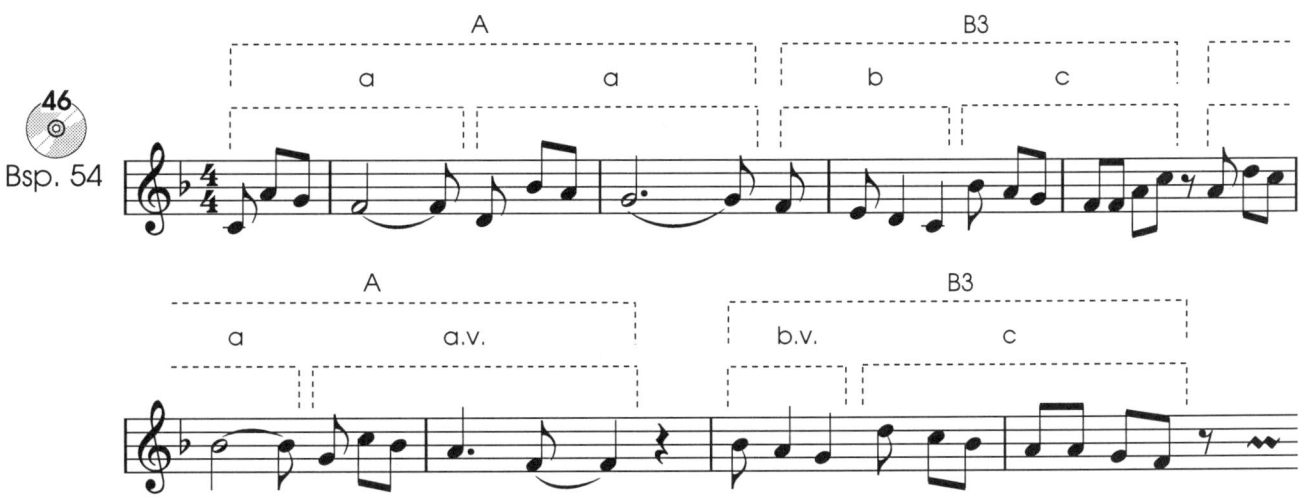

Andere Varianten des Periodentyps **A B A B** entstehen durch die Gegenüberstellung der verschiedenen Satztypen **A B** in der Form des Vorder- und Nachsatzes.

Zum Beispiel **A B1 A B3**:

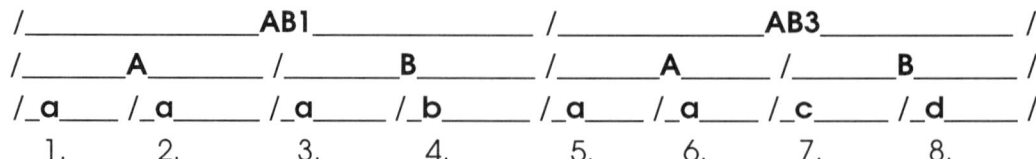

Bsp. 55

Andere Möglichkeiten, die verschiedenen Sätze **A B** zu kombinieren, sind folgende: **A B1 + A B2, A B2 + A B1, A B2 + A B3, A B3 + A B2**.

b. Und jetzt einige Periodentypen B B A B.

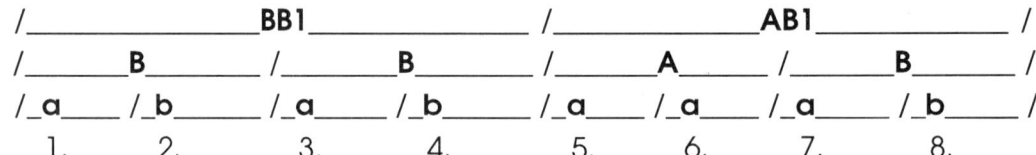

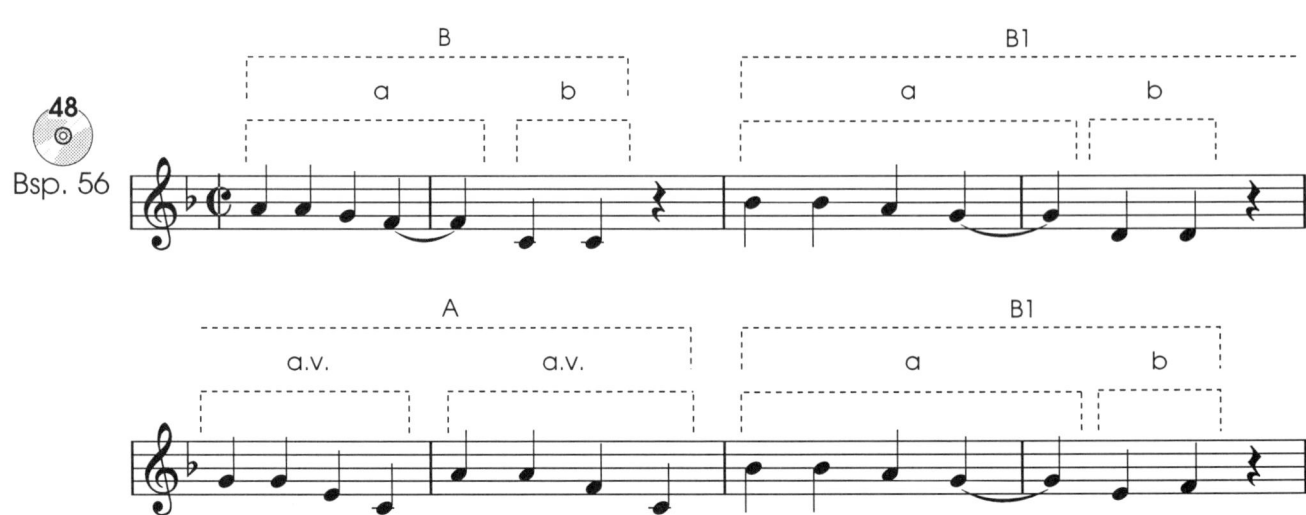

Bsp. 56

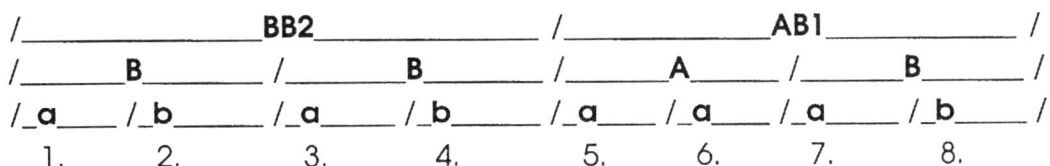

Bsp. 57

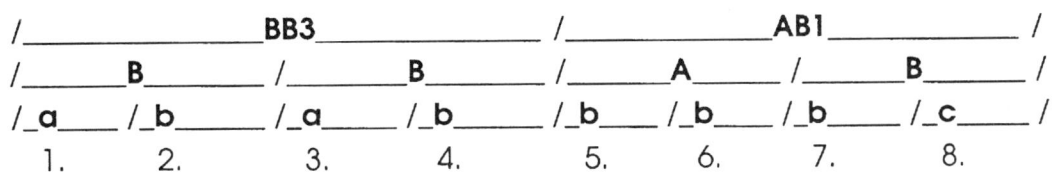

Bsp. 58 con Swing

℗ 1982 Karin Unger Musikverlag – Ed. Tip-Top – Berlin/Stuttgart
„Drei Modaljazzthemen" Medium Fox (1. Stück) erschienen auf Mediaphon/ZYX CD

Diesem Periodentyp **B B5 A B1** begegnet man seltener. Bei ihm können die Motive **e** mit einem der ersten vier verwandt sein (Abzweigungen).
Andere Varianten des Periodentyps **B B A B** entstehen durch die Gegenüberstellung verschiedener Satztypen **B B** im Vordersatz und verschiedener Satztypen **A B** im Nachsatz.

Zum Beispiel **B B1 A B3**:

Wie gesagt, durch die Kombination verschiedener anderer Satztypen können wir auch viele weitere Periodentypen komponieren. Hier noch einige seltene Periodentypen:

c. Zum Beispiel der Periodentyp A B1 B B1:

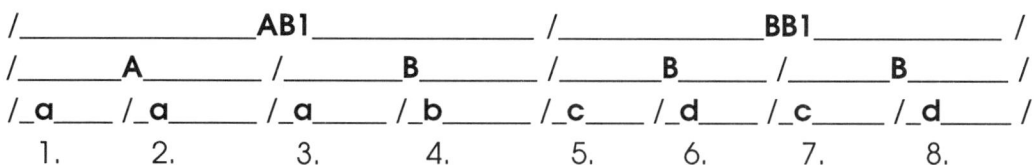

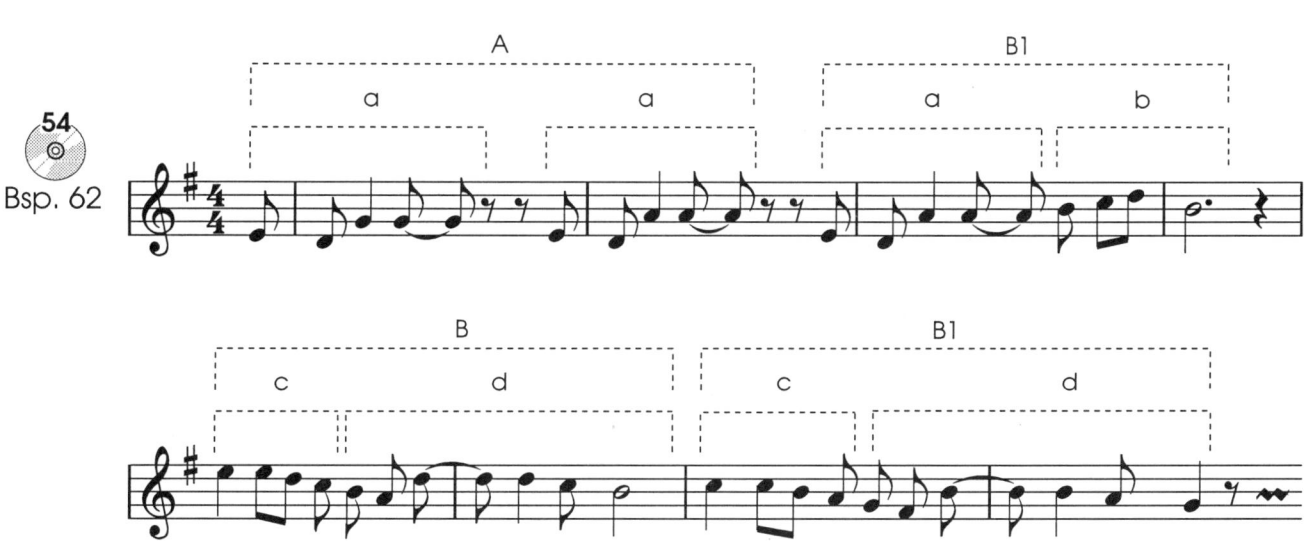

d. Oder der Periodentyp B B5 B B1:

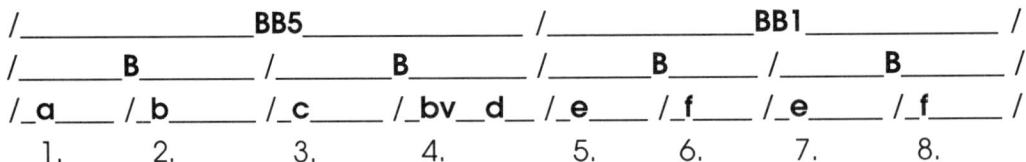

Auch bei diesem Periodentyp ist die Verwandtschaft zwischen den Motiven des Vorder- mit den Motiven des Nachsatzes möglich. Natürlich sind auch viele andere Satzkombinationen möglich wie z.B. alle Satztypen AB und BB kombiniert mit den selten verwendeten Satztypen BA! Sie wurden in diesem Kapitel nicht vorgestellt, weil die Kombinationsmöglichkeiten fast unbegrenzt sind. Das zeigt umso mehr, wie vielseitig das Spektrum der Komposition sein kann, wie unzählig die Möglichkeiten sind, immer neue Perioden bzw. Liedsätze (Liedteile) entstehen zu lassen.

- Nun ist klar, wie die verschiedenen möglichen Varianten der Periode komponiert werden können!

- Schreibt viele unterschiedliche Periodentypen!

- Bewahrt die komponierten Perioden auf!
  Diese oder zumindestens ein Teil davon können wertvoll sein!

- Vorsicht! Zwischen Perioden, die Refrains repräsentieren können und anderen Sätzen der Liedform bzw. Strophe oder Middleparts ist ein großer Unterschied! Diese anderen Sätze der Liedform haben einen völlig anderen Charakter!

? ✎ ! Und jetzt lasst Euch etwas einfallen!
Komponiert Perioden aller Arten!

Hört die CD-Beispiele 52 - 63 an! Das ist immer vorteilhaft!

5. Die asymmetrischen Sätze

Sowohl nach den Erklärungen im Kapitel **3. Der Satz** als auch gefühlsmäßig gefällt und befriedigt uns die Viertaktigkeit. Aber wie bei jeder natürlichen Entwicklung sucht und findet der Mensch neue Wege, Lösungen, Konzepte. Eine ähnliche Entwicklung fand auch in der Jazz-, Rock- und Popmusik statt. Deswegen kommen vor allem auch in der Rock- und Popmusik Sätze vor, die nicht mehr viertaktig sind, was auch die gesamte Länge der Periode beeinflusst.
Die häufigsten Möglichkeiten sind:

a. reduzierte Gesamtlänge der Periode (durch Ausschluss von Satzabschnitten),

b. erweiterte Gesamtlänge der Periode (durch Einschaltungen oder Dehnungen des Schlusses),

c. Unterschiedliche Satzlängen in achttaktigen Perioden.

In den Fällen **a.** und **b.**, wenn die Länge in einem der zwei Sätze der Periode z.B. v e r e n g t oder e r w e i t e r t wird, enthält ein Satz vier Motive und der andere kann kürzer oder länger sein. Jeder der obengenannten Ausnahmefälle der Satzlängen, und zwar a, b und c die im Kompositionsvorgang vorkommen können, hat selbstverständlich mehrere Möglichkeiten. Für jede Ausnahme der Satzlängen haben wir ein Beispiel gewählt, das hiermit vorgestellt wird.

a. Die reduzierte Gesamtlänge Im folgenden Beispiel aus der Popmusik-Welt ist der *Vordersatz* viertaktig nach den uns bekannten Grundregeln komponiert. Der *Nachsatz* in diesem Beispiel enthält nicht vier Motive – wie zu sehen ist –, sondern nur zwei. Das zweite Motiv, das variiert ist, bekräftigt das erste. Gerade von dieser **Kürze** des Nachsatzes sind wir angenehm überrascht!

Bei einer plötzlichen Verkürzung eines Formgliedes *„und zwar eines antwortenden (zweiten), kommt es vor z.B., dass einem viertaktigen Vordersatz nur zwei Takte antworten, die die Periode abschließen."*[23]

b. Die erweiterte Gesamtlänge Auch bei diesem Beispiel eines Ausnahmefalls, wie auch im Falle **a.**, ist der Vordersatz nach den uns bekannten Grundregeln komponiert. Der Nachsatz im folgenden Beispiel ist nicht viertaktig, sondern enthält mehrere Motive, und zwar fünf. Das Prinzip leichtes Motiv – schweres Motiv bleibt erhalten, nur das erste Motiv **e** der zweiten Motivgruppe wird mit noch einem Motiv **e** verlängert. Diese zweite Motivgruppe ist also nicht **e/f**, sondern **e/e/f**. Dadurch empfinden wir die **Länge** des Nachsatzes als angenehm.

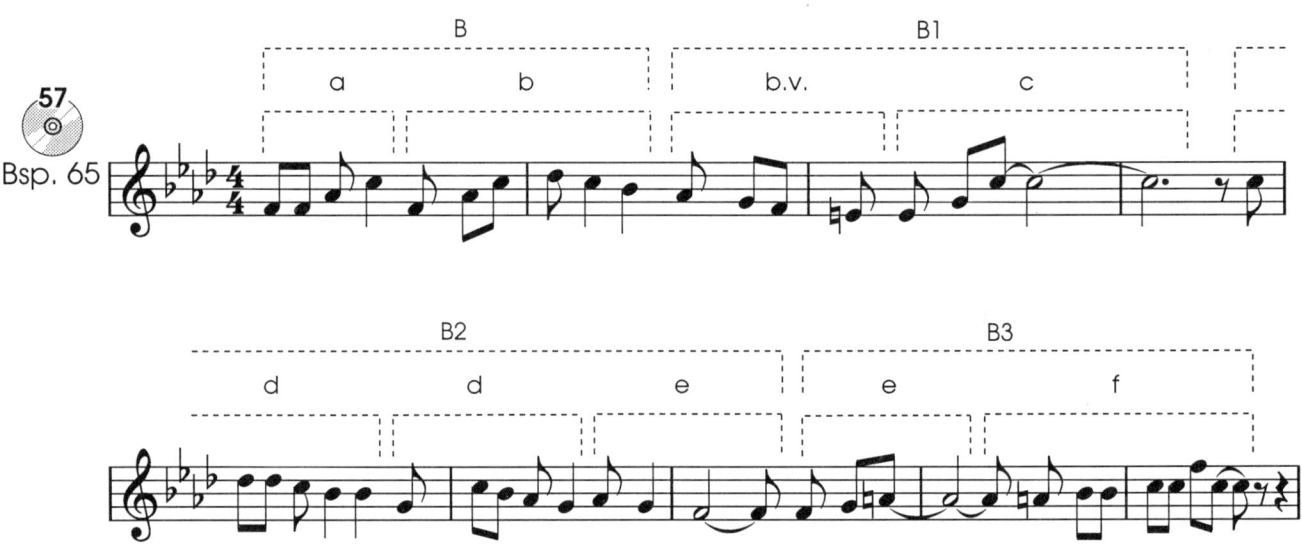

Auch die Fermaten können eine ähnliche Dehnung bewirken. Wie Riemann sagt: *„hat die Fermate ihren gewöhnlichen Sitz auf der schweren Schlussnote einer größeren Bildung"*[24] bzw. gibt sie das Gefühl, dass das zweite Motiv verlängert wird.

Aus methodischen Gründen haben wir im Kapitel **2. Die Motivgruppe** erklärt, dass die beiden Motive der Motivgruppe dieselbe Länge haben müssen. Es ist also dennoch möglich, dass Motivgruppen auch aus mehreren Motiven gebildet werden können. Damit eine solche Motivgruppe trotzdem Qualität erhält, ist mehr Erfahrung und Geschick erforderlich. Solche Motivgruppen werden schon seit langem vor allem in der Rock- und Popmusik verwendet. *„Den Elisionen, welche die Perioden verkürzen, stehen gegenüber die Einschaltungen, welche sie erweitern. Diese sind fast noch häufiger als jene..."*[25]

c. Die unterschiedliche Satzlänge Wie schon erklärt, hat die Länge der Sätze auch eine Wirkung auf die Länge der Periode. Es gibt aber auch Ausnahmen. Interessanterweise, und nicht selten, kann die Periode eine neue Struktur bekommen, und zwar bleibt die gesamte Länge achttaktig, aber die **Länge** des *Vorder-* und *Nachsatzes* ist verschieden. Dadurch wird dem ursprünglichen **Mittelpunkt** ein anderer Platz eingeräumt. In diesem Fall werden sowohl das letzte schwere Motiv des Vordersatzes als auch das letzte schwere Motiv des Nachsatzes ausgedehnt. Jetzt sind wir nicht nur von der **Länge** und **Ausdehnung** der letzten Motive beider Sätze angenehm berührt, sondern auch von der **Verschiebung** des Mittelpunktes der Periode. Also können auch achttaktige Perioden aus verschiedenen Satzlängen zusammengesetzt werden, meistens aus 5 + 3 oder 3 + 5 Motiven.

Durch die verschiedenen Längen der Sätze, Ausdehnung der Motive und Verschiebung des Mittelpunktes der Periode können Rock- und Popmusik-Stücke einen ganz neuen und einzigartigen Ausdruck bekommen. Es ist nicht ausgeschlossen, dass solche Ausnahmen in der Jazzmusik vorkommen.

- Nun, versucht auch solche Sätze und Perioden zu schreiben!

- Vorsicht! Diese Sätze müssen aber auch ein Gleichgewicht haben, damit sie überzeugen!

- Dadurch bekommen Eure Songs viel mehr Reiz und Ausdruckskraft!

? ✍ ! Und jetzt lasst Euch etwas einfallen!
Komponiert solche Sätze!

Hört Euch die CD-Beispiele 64 - 66 an! Das kann Euch inspirieren!

6. Das Anschlussmotiv

Außer der ursprünglichen Rolle des Motivs, nämlich Motivgruppen, Sätze und Perioden zu bilden, gibt es noch eine Bedeutung, und zwar diejenige des **Anschlussmotivs**.

Die Entwicklung und Bearbeitung des Motivs ist von der Art der Motivendung abhängig, besonders von der möglichen *weiblichen* Endung, wie im Kapitel **1.1. Die Eigenschaften des Motivs** erklärt worden ist. Meistens bewirken die weiblichen Endungen nichts anderes, als die betonten Zählzeiten zu verteilen bzw. in kleineren Werten aufzuhören. Das heißt, dass sich die männlichen Endungen in weibliche Endungen verwandeln werden, wie die folgenden Beispiele zeigen:

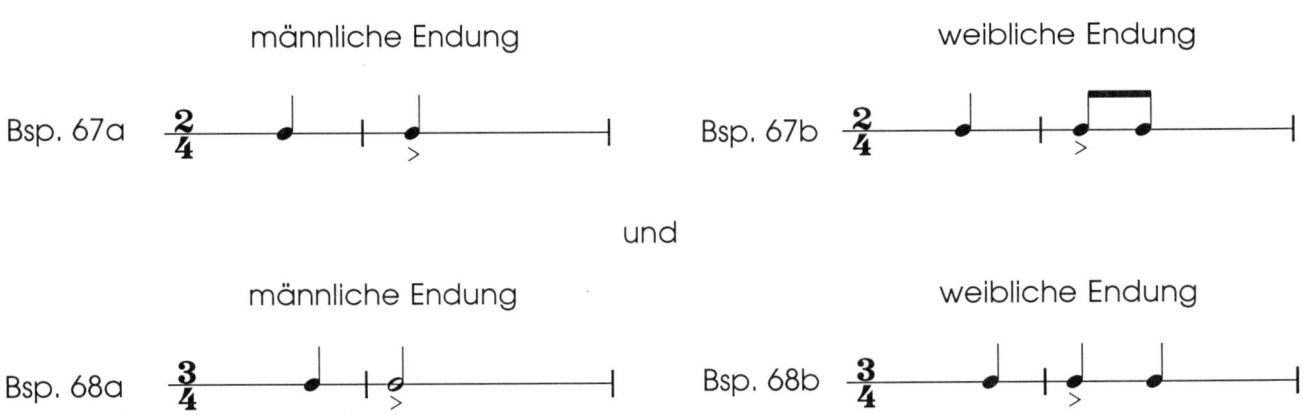

Im Sinne von Riemanns Theorien können die Motive auch aus zwei Takten zusammengesetzt werden, wenn diese **Grundtakte***) sind. In diesem Fall werden diejenigen Motive auffallen, die sich dank der weiblichen Endung bis zur nächsten betonten Zählzeit ausbreiten.

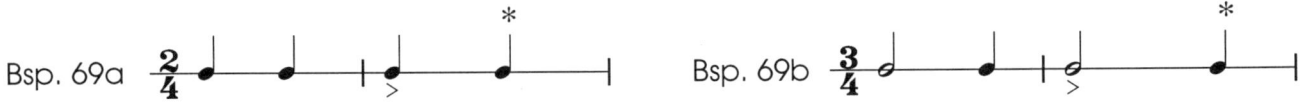

Damit hört aber die Ausdehnbarkeit noch nicht auf!

Wie wir im Kapitel **1. Das Motiv** erörtert haben, ist der **Jambus** (∪ /) das Vorbild aller Pulsarten. Deswegen bezieht sich folgende Erklärung auf den

Motivtyp.

Das gilt nicht nur für Motive, sondern genauso auch für Motivgruppen, Sätze usw. Ein Motiv, dessen Schwerpunkt im schweren Takt liegt (Takt 4), kann sich dank der weiblichen Endung bis an den nächsten leichten Takt (Takt 5) ausdehnen und darauf folgt selbstverständlich ein schwerer Takt (Takt 6). Siehe Bsp. 70.

---

*) Grundtakte sind zwei- oder dreischlägige Takte, aus denen alle anderen Taktarten zusammengesetzt sind.

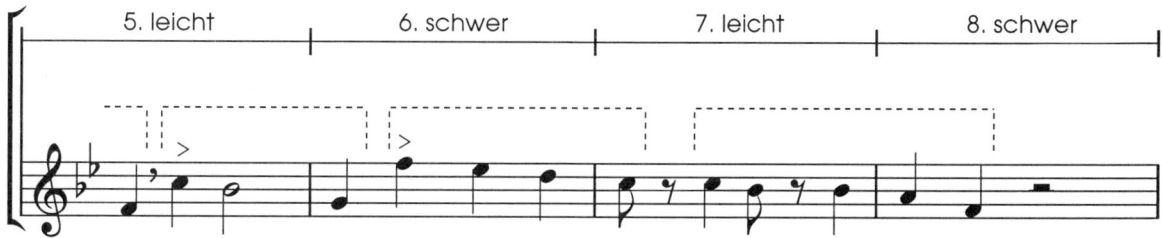

Diese erweiterte weibliche Endung verwandelt das Motiv automatisch in ein Anschlussmotiv. Wenn die weibliche Endung sich über den Schwerpunkt der leichten Zählzeit aus dem schweren Takt hinaus verlängert (Takt 4 des obigen Beispiels), **bleibt kein Platz mehr für den Auftakt!** Von diesem Moment an kann das folgende Musikmaterial keine Wiedeholung, Sequenzierung usw. des ersten vorgestellten Satzes mehr sein, sondern benötigt unbedingt eine neue Idee als Fortsetzung.

„Das Anschlussmotiv ist also eine Art der Wiederholung schwerer Werte (...) aber ohne Störung der Symmetrie des Periodenaufbaues, innerhalb des glatten Verlaufs der Vier- und Achttaktigkeit;..."[22]

Das ist sehr wichtig für die Gestaltung einer derartigen Periode, auch in der Jazz-, Rock- und Popmusik, wo im Laufe der ganzen Periodenlänge immer neues Musikmaterial entfaltet wird. Das steigert die Qualität des Titels.

- Also muss klar sein: Das Anschlussmotiv hat nichts mit der Motiventstehung bzw. mit der Gestaltung der neuen Idee zu tun!

- Komponiert derartige Anschlussmotive! Besser gesagt, komponiert Perioden im 2/4 oder 3/4 Takt, die Anschlußmotive beinhalten!

- Aber Vorsicht ist geboten! Die Länge der Perioden (8 Motive) muss respektiert werden!

? ✎ ! Und jetzt lasst Euch etwas einfallen!
Vertraut solche Anschlussmotive dem Papier an!

Hört Euch die CD-Beispiele 70 und 71 an!

7. Der „Überraschungstakt"

Seit Jahrhunderten schon dominiert in der populären Musik der Zweiertakt, wenn wir an die urtümlichen Formen der Musik wie Marsch, Polka, Ragtime usw. denken. Im Falle der schnellen populären Musik, wie lateinamerikanischer Tänze, wird der sogenannte *Alla-breve* Takt = in Halben 2/2 Takt bzw. ¢ verwendet. Im Laufe der Zeit hat sich der 4/4 Takt durchgesetzt, aber der Walzer in seiner Vielfältigkeit, also der 3/4 Takt, hat sich auch behauptet. Ein paar Jahrzehnte später wurden auch die sogenannten kombinierten/abwechselnden Taktarten wie 5/4, 7/4, 9/8 usw. verwendet. Nicht selten kann innerhalb eines Satzes plötzlich eine andere Taktart als die ursprüngliche des Titels vorkommen. Einen solchen Takt, der möglicherweise auch durch seinen außergewöhnlichen metrisch-rhythmischen und melodischen Charakter gegenüber den bisherigen unerwartet kommt, benennen wir „**Überraschungstakt**". Selbstverständlich, dass nicht nur einer, sondern auch mehrere solcher „Überraschungstakte" im Laufe eines Stückes vorkommen können.

Der „Überraschungstakt" wird auch in der E-Musikliteratur verwendet, aber er kommt meist in der Jazz-, Rock- und Popmusik vor.
„Es gibt zahllose neue rhythmische Möglichkeiten: Synkopen, Taktwechsel, gekreuzte Rhythmen und so weiter. (...) Vieles von diesem neuen Interesse am **Rhythmus** *kommt aus der Beschäftigung der modernen Komponisten mit dem Jazz."*[26]

Der „Überraschungstakt" wird z. B. oft in den letzten Takten des ersten Teils eines Songs verwendet. Dadurch lässt sich die Spannung um so mehr steigern, bevor der Refrain eines Songs gesungen wird.
Der „Überraschungstakt" kann Noten, Pausen oder beides beinhalten. Das ist auch von dem Textinhalt, den Gedanken des Komponisten usw. abhängig. Die „Überraschungstakte" können entstehen wie folgt:

a. Überraschungstakt durch Taktwechsel

Bsp. 72

b. Überraschungstakt durch Pausen

Bsp. 73

"Überraschungstakte" können den verschiedenartigsten Charakter haben.

- Wenn der ursprüngliche Takt des Stückes sich deutlich zeigt und durch seinen Charakter überzeugt, überrascht eine vorübergehende neue Taktart umso mehr!

- Wenn diese neue Taktart überraschend eingebracht wird, darf sie den natürlichen Ablauf des Songs nicht stören!

 Und jetzt lasst Euch etwas einfallen!
Komponiert einen Satz, der einen oder mehrere solcher „Überraschungstakte" beinhaltet!

Hört Euch die CD-Beispiele 72 und 73 unbedingt an!

II. Die Harmonie in der Jazz-, Rock- und Popmusik

1. Die Kadenzen

Gemäß dem Thema dieses Buches verstehen wir unter dem Begriff **Kadenz** die harmonischen Bezeichnungen verschiedener Funktionen*) zueinander. Und jetzt ausführlicher erklärt:

Die Melodie eines Stückes in einer bestimmten Tonart zu komponieren, bedeutet nichts anderes, als die Noten dieser Tonart in einer anderen Reihenfolge deren Notenhöhen aufzuschreiben. Diese Notenfolge ist einem bestimmten rhythmischen Schema angepasst und braucht fast immer ein harmonisches Fundament. Die Akkorde der Harmonie entstehen aus mindestens drei senkrecht angeordneten Noten. Zwei aufeinanderfolgende Akkorde bilden schon eine Kadenz. Nach Riemanns Ausführungen ist die Kadenz „...die Darstellung einer Tonart durch harmonische Funktionen."[27] Anders formuliert ist die Kadenz eine Akkordfolge, welche einen musikalischen Satzbau abschließt und der ein rhythmischer Ruhepol folgt.

Die ursprünglichsten, einfachsten, aber auch die grundlegenden Kadenzen, die zwischen den Hauptfunktionen entstehen können, sind die **authentische** bzw. 5. Stufe/Dominante (D, d) → 1. Stufe/Tonika (T, t) und die **plagale** Kadenz bzw. 4. Stufe/Subdominante (S, s) → 1. Stufe/Tonika (T, t). Diese beiden Kadenzen stehen als Basis für alle anderen später entwickelten Kadenzen. Eine große Zahl verschiedener deutscher Volkslieder, aber auch viele Lieder des U-Musikbereichs wurden nur auf der Basis dieser Hauptfunktionen harmonisiert.

Im Laufe der Zeit wurde die Kadenz immer kühner und komplexer weiterentwickelt. Dabei ist nicht zu vergessen, dass die Parallelfunktionen auch vorhanden sind! Schließlich brachte die **erweiterte** Kadenz, die auch verschiedene Zwischendominanten und andere Akkorde in Terzverwandtschaften enthalten kann, die Harmonie bis zu einer interessanten Komplexität. Es kommt häufig vor, dass ein Titel aufgrund seiner harmonischen Funktionsstruktur zum Hit wird.

In der Fortsetzung werden wir nur die wichtigsten Kadenzen, die auch in der Jazz-, Rock- und Popmusik gebräuchlich sind, behandeln.

a. Die a u t h e n t i s c h e Kadenz schließt als Stufenfolge V – I oder I – V – I bzw. als Funktionsfolge D – T oder T – D – T einen Satz oder eine Periode ab. Diese Kadenzart kann überzeugend auch ein Jazz-, Rock- oder Popmusik-Stück abschließen.

---

*) In den Fachbüchern des Harmonielehrebereiches, die im Laufe der Musikgeschichte bis heute geschrieben und herausgegeben worden sind, gibt es noch keine endgültige Notationsvorschrift bezüglich der **Akkordfolge** die im Laufe einer Kadenz verwendet wird. Schließlich ist es nicht von Bedeutung, ob der Akkord auf der vierten Stufe einer Tonleiter z.B. IV – eben als vierte Stufe –, oder mit S – als Subdominant-Funktion – notiert wird. Wichtig ist, dass das Klangergebnis dieser Akkordfolge endscheidend ist.

b. Die p l a g a l e Kadenz schließt als Stufenfolge IV – I oder I – IV – I bzw. als Funktionsfolge S – T oder T – S – T einen Satz oder eine Periode ab. Diese Kadenzart ist besonders für Rock und Blues charakteristisch.

c. Die z u s a m m e n g e s e t z t e Kadenz*) schließt als Stufenfolge IV – V – I oder I – IV – V – I bzw. als Funktionsfolge S – D – T oder T – S – D – T einen Satz oder eine Periode ab. Das ist die Kadenz, die inzwischen eine „Schlagzeile" - Kadenz für die Rock-, Pop- und Folkmusik geworden ist.

---

*) Die Musiklexika und Fachbücher meiden diese Kadenz in irgendeiner Art zu benennen. Ullstein Lexikon erklärt: *Nach den verschiedenen Schluß-Möglichkeiten gibt es eine authentische Kadenz T – S – D – T...*"[28] Aber gerade authentisch ist diese Kadenzart nicht. Die erste Hälfte ist eine plagale Halbkadenz! Ein anderes Lexikon benennt diese als „klassische" Kadenz. So gesehen ist die ganze Harmonie, die von den Klassikern geerbt wurde „klassisch", die sich aber in den Stilrichtungen Jazz-, Rock- und Pop, jeder auf seine Art und Weise weiterentwickelt hat. Deswegen wird von uns diese Kadenz als „zusammengesetzte" Kadenz bezeichnet.

d. Die e r w e i t e r t e Kadenz kann zahlreiche Kombinationsmöglichkeiten als Stufenfolge bzw. als Funktionsfolge beinhalten. Diese Kadenz kann alle Haupt- und Parallelfunktionen, Zwischendominanten, Nebendreiklänge in Terzverwandtschaft usw., usw. enthalten. Auf der Grundlage dieser Kadenzart ist die ganze (nicht nur europäische) U-Musik des 19. und 20. Jahrhunderts komponiert worden; eine Kadenz, die höchstwahrscheinlich auch im 21. Jahrhundert der Tragpfeiler sein wird.

Diese Kadenzart schließt als Stufenfolge bzw. als Funktionsfolge einen Satz oder eine Periode ab. Als Beispiel präsentieren wir eine frei gewählte Kadenz dieser Art.

e. Der T r u g s c h l u s s als Stufenfolge z.B. I – IV – V – VI – IV – II – V – I bzw. als Funktionsfolge T – S – D – Tp – S – Sp – D – T wird durch den Übergang des Akkordes der 5. Stufe bzw der Dominante zu dem Akkord der 6. Stufe bzw. der Tonikaparallele als Vertreterklang gebildet. Dadurch wird die erwartete

Kadenz V – I bzw. D – T unterbrochen und nach der 5. Stufe (D) wird nicht die 1. Stufe (T), sondern die 6. Stufe (Tp) erscheinen. Diese Kadenzart kommt häufiger in den Evergreens vor.

f. Die Halbschlusskadenz schließt als Stufenfolge I – IV, I – V oder IV – V bzw. als Funktionen T – S, T – D oder S – D einen Satz oder eine Periode ab. Ihre Rolle dient jedoch mehr einer Unterbrechung auf dem Dominantakkord (authentische Kadenz) oder auf dem Subdominantakkord (plagale Kadenz). Selbstverständlich ist, dass die Hauptschlusskadenz in der Mitte jeder Periode sowohl in der Jazz- als auch in der Rock- und Popmusik vorkommen kann.

Die Kadenzen können immer neue und interessante Akkordfolgen mit sich bringen. Wenn die Kadenzen erweitert werden, können immer wieder Haupt- und Nebenfunktionen durch den Dominantklang hinzugefügt werden.

- Jetzt wisst Ihr Bescheid, welche die wichtigsten Kadenzen sind, die auch in der Jazz-, Rock- und Popmusik vorkommen können!
- Erfindet für den Anfang einige ohne Thema!
- Wünschenswert wäre es, dass diese Kadenzen 5- oder 6-stimmig sind!
- Vorsicht! Die Septime darf nicht fehlen! Die Quinte hingegen durchaus!
- Die None und Tridezime könnte auch dabei sein! Die Undezime darf auch nicht vergessen werden!

Nun lasst Euch etwas einfallen!
Komponiert verschiedene Kadenzen!

 Vergesst nicht, Euch die CD-Beispiele 74 - 79 anzuhören! Zumindest am Anfang!

2. Die Harmonieträger

Im Laufe der Jazzgeschichte gewann die Harmonie immer mehr an Bedeutung. Als die Improvisation immer wichtiger wurde, übernahm die Akkordfolge die führende Rolle an Stelle der Melodie. Eben deswegen, weil auch die Nebenakkorde und die Jazzkadenzen immer präsenter waren, wurde auch der Harmoniewechsel angereichert. Die populäre Musik hat an Gewicht gewonnen durch die Blues-Harmonik mit der Betonung der Subdominante. Die Rockmusik hingegen gab der Harmonie nicht dieselbe Bedeutung. Die Rockmusik bleibt bei der traditionellen Kadenzierung der Tanzmusik, bei der Bluesformel und bei folkloristischen modalen Wendungen.

Die Musikart, die in diesem Buch behandelt wird, ist eine **tonale** und auf **Taktbasis** strukturierte Musik. Wie wir wissen, beinhalten die Takte immer **schwere** und **leichte** bzw. betonte und unbetonte Zählzeiten, wie zum Beispiel 1. und 3. Zählzeit im 4/4 Takt.

„Den gemessenen Schritten und Sprüngen der Tanzenden entsprechend, treten zuerst in der Tanzmusik betonte und unbetonte Stufen des Taktes, schwere und leichte Zählzeiten auf, deren Hauptgewicht in der Regel unmittelbar nach dem Taktstrich wiederkehrt (Taktschwerpunkt)."[29]

In der melodischen Linie jeder Komposition sind konkrete Harmoniefolgen vorgesehen. Diese Harmonien begleiten die melodische Linie in ihrem Verlauf. Abhängig von der inhaltlichen Struktur der melodischen Linie, in direkter Verbindung mit ihrer rhythmischen Formel und mit dem Metrum wechselt auch die Harmonie. Der Harmoniewechsel erscheint auf den betonten Zählzeit(en) der Takte. Drei Aspekte müssen in direkter Verbindung mit den Harmonieträgern beachtet werden, und zwar:

a. **die Stellen der Harmoniewechsel**,
b. **der Synkopeneffekt**,
c. **die Auftaktsharmonie**.

a. **Die Stellen der Harmoniewechsel** Die betonten Zählzeiten sind sehr wichtig für die Entwicklung der Harmonie eines Titels. Natürlich ist dabei zu beachten, wie sich das ursprüngliche Motiv dieses Titels entwickelt hat. Eine sofortige Verwendung derselben rhythmischen Struktur mit einem anderen melodischen Inhalt im zweiten, dritten oder in den folgenden Takten erfordert grundsätzlich einen Harmoniewechsel. Die betonten Zählzeiten bzw. 1. oder 1. und 3. im 4/4 Takt z.B. sind die Schwerpunkte der Motive, Motivgruppen und Sätze bzw. die Stellen der Harmoniewechsel.

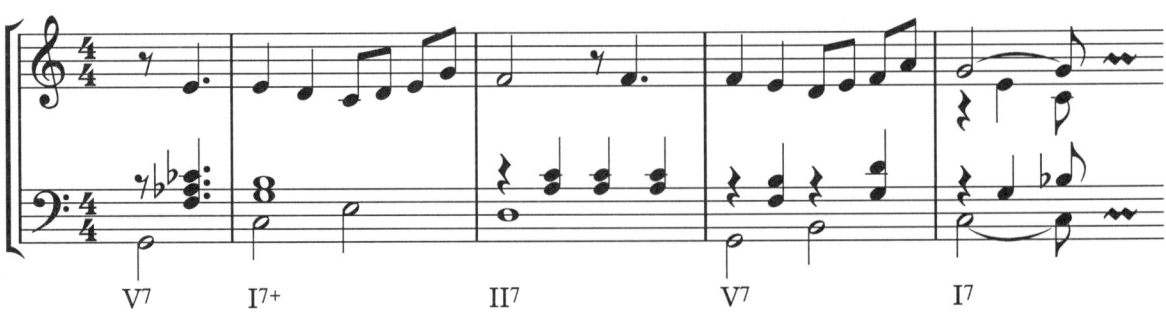

Festzustellen ist, dass in bestimmten populären Musikarten, wie lateinamerikanischen oder osteuropäischen Liedern und Tänzen, wegen deren inneren Komplexität der Harmoniewechsel nicht immer nur auf den betonten Zählzeiten erfolgt, sondern oft ganz anders verteilt ist. Solche Lieder sind oft nicht mehr als ein simpler Fox oder Hard-Rock, bei denen nur ihr eigener Rhythmus und Sound wichtig sind.

b. Der S y n k o p e n e f f e k t Je länger dieselbe Harmonie (Funktion) im Laufe des melodischen Satzabschnittes bestehen bleibt (z.B. drei Takte), desto mehr stellt ein vorzeitiger Einsatz der neuen Harmonie gegenüber der vorausgegangenen einen Synkopeneffekt für die nächste ausdrucksvolle, betonte Zählzeit dar.

Das heißt, dass die neue Harmonie bzw. die 2. Stufe/Subdominantparallele mit Septime des dritten Taktes nicht auf der ersten Zählzeit des vierten Taktes erscheint, sondern eben auf die zweite Hälfte der vierten Zählzeit im dritten Takt vorgezogen wird. Dadurch entsteht der obengenannte Synkopeneffekt. Dieser kann den ihm nachfolgenden Harmoniewechsel auch vorziehen. Das heißt, dass die betonte Zählzeit, auf welcher der Harmoniewechsel entsteht, ganz einfach vorgezogen wurde. Diese Ausnahme gilt für denjenigen Satz, in dem der Synkopeneffekt entstanden ist.

c. Die A u f t a k s h a r m o n i e In der Mehrzahl der Fälle befindet sich der harmonische Inhalt des Auftaktes eines Motivs in der Harmonie des Schwerpunktes der vorausgehenden betonten Zählzeit. Denn nur der Schwerpunkt der neuen betonten Zählzeit bringt die neue Harmonie mit sich.

℗ 1982 Karin Unger Musikverlage – Edition Tip-Top – Berlin/Stuttgart, „Drei Modaljazzthemen"
Medium Fox (3. Stück) erschienen auf Mediaphon/ZYX CD

Festzuhalten ist, dass beim Vorgang der Harmonisierung einer Komposition die betonten Zählzeiten die Träger der Harmonie sein müssen. Das bedeutet aber nicht, dass in einigen Fällen der Jazz-, Rock- und Popmusik nicht auch Ausnahmen vorkommen können. Aber selbstverständlich ist die Art, in der sich das ursprüngliche Motiv entwickelt hat, maßgebend.

- Der Harmoniewechsel im Laufe eines Satzes oder einer Periode zählt zu den wichtigsten ästhetischen Elementen der Musik überhaupt!

- Welche sind die wichtigsten Stellen, wo der Harmoniewechsel stattfinden muss?

- Wie viele Möglichkeiten haben wir dafür?

- Wovon hängt es ab, einen solchen Harmoniewechsel zu machen oder nicht?

 Lasst Euch etwas einfallen!
Komponiert Eure Beispiele!

Nicht vergessen! Die CD hilft weiter!
Hört Euch die Beispiele 80 - 82 an!

▼ Professional Music – Musikarbeitsbücher zu den Themen Arrangieren, Produzieren, Harmonielehre, Songwriting, verständlich und praxisnah dargestellt.

Markus Fritsch - Peter Kellert - Andreas Lonardoni
ARRANGIEREN und PRODUZIEREN (mit CD)

Ein Musikarbeitsbuch, das die Grundlagen und Techniken des Arrangierens und Produzierens umfassend darstellt und mit den Beispielen auf der CD zielorientiert zum eigenen, professionellen Arrangement und zur standardgemäßen Produktion führt. Grundlagen/Stilistikkatalog/Satztechniken/Rhythmusgruppe/Background und Solist/Groovekatalog/Partitur/Studio- und Bühnenalltag/Das Produzieren eines Projektes.
ISBN 3-928825-22-4, 240 Seiten, Fotos, mit CD

„The Point of no Return – Das in Aufbau und Konzept sehr gelungene Werk bietet Tips, Tricks und umfangreiches Informationsmaterial fürs arrangierfreudige Musikerherz" (Musikmagazin Workshop 10/1995).

Zu den Themen Arrangieren/ Produzieren, Harmonielehre/ Songwriting, Komponieren und Improvisieren bieten die Autoren P. Kellert/M. Fritsch Workshops für Musikschulen und bei Musikalienhändlern an. Anfragen über den Verlag.

Markus Fritsch - Peter Kellert - Andreas Lonardoni
HARMONIELEHRE und SONGWRITING

Endlich verständlich – auch für Einsteiger – stellen die Autoren die Harmonielehre und die Praxisübertragung für das Songwriting in übersichtlichen Einzelschritten dar. Die Nutzanwendungen des musikalischen Gefüges und der Akkordzusammenhänge werden an den Songbeispielen gezeigt. Stilistik- und Songwriterkatalog. Ein Song wird komplett dargestellt.
ISBN 3-928825-23-2, 260 Seiten, Fotos

Cesar Marinovici
GEHÖRBILDUNG – ABER WIE!?

Der zielorientierte Lehrgang mit CD vermittelt den natürlichsten und direkten Weg zur Bildung des musikalischen Gehörs, der in jedem liegt. Praxisbezogenes Gehörtraining, Melodiediktate, Intervall- und Akkordtabellen. Mit 666 Hörbeispielen auf der CD mit einer Kontrolltabelle können Schüler, Studenten und Musikinteressierte das Gehör schulen und bis zur Prüfungsreife hin trainieren. Mit einem Geleitwort von Professor Kurt Pahlen, Zürich.
ISBN 3-928825-74-7, 130 Seiten Mit CD

Stefan Spielmannleitner
MODERN TRUMPET, mit CD

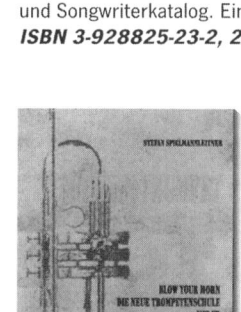

Wie lerne ich Trompete spielen mit möglichst wenig langweiligen Etüden und Liedern? Mit dieser kompletten Trompetenschule von Anfang an, mit allen modernen Stilen: Grundlagen, Ansatz und Atmung, Phrasing, Übungen aus Rock, Pop, Blues und Jazz, Lead Trumpet, Horn Section – Der Bläsersatz, Big Band, Trumpet Secrets, Superchops, tägliches Training, Highnote Playing, Trumpet Masters, Duette, Play Along Songs
ISBN 3-928825-65-8, 192 Seiten Mit 2 CDs

▼ Arbeitsbogen Musik

Lutz Gottschalk
ARBEITSBOGEN MUSIK
Musiktheorie leichtgemacht

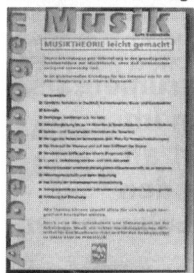

Grundlage für Solospiel und Akkordbegleitung für viele Instrumente. Ein interaktives musikdidaktisches Hilfsmittel im Musikunterricht und für den Hobbymusiker. Karton, Schiebelemente, Klaviatur, Tonleitern, Akkorde, Intervalle, Griffe, Fingersätze, Transponierhilfe
ISBN 3-928825-80-1

Stefan Spielmannleitner
DIE HORNSEKTION (Blow your Horn)

ISBN 3-928825-83-6, Trompete in Bb mit CD

ISBN 3-928825-89-5, Posaune in C mit CD

ISBN 3-928825-90-9, Saxophone in Eb, Bb mit CD

Die Play Along-Bücher für Bläser; Mit CD, Einzelstimmen und Spielpartitur. Funk, Blues, Rock- und Pop
Das Zusammenspiel in einem Bläsersatz, Arrangierhilfen für alle, die auch einmal einen eigenen Satz schreiben wollen, Play Along-Songs zum Mitspielen in einer authentischen Funk und Rhythm & Blues Band.

LEU-VERLAG
e-Mail: leuverlag@aol.com
Internet: www.leu-verlag.net

2.1. Die Bedeutung des Harmoniewechsels und seine Wirkung auf den Charakter des Stückes

Was ist der Harmoniewechsel eigentlich?
Unter Harmoniewechsel verstehen wir eine regelmäßige Abwechslung des Harmonieinhaltes von Harmonieträger zu Harmonieträger bzw. von Hauptzählzeit zu Hauptzählzeit, die unterschiedliche Struktur haben.
Der Charakter eines Titels ist vor allem von der Häufigkeit des Harmoniewechsels abhängig. Wichtig ist, wie kurz oder lang dieser Abstand des Harmoniewechsels von einer Hauptzählzeit zur anderen, von einem Takt zum anderen usw. ist (Hauptzählzeiten sind die 1. oder die 1. und 3. Zählzeit des Taktes).
Es gibt folgende zwei Möglichkeiten:

a. eine **schnelle Folge** des Harmoniewechsels in einer kurzen Zeit verursacht eine schnelle Entwicklung der Harmonie und der Melodie des Titels. Die „Anhäufung" von Akkorden auf einer kurzen Strecke führt zu einer „Hektik". Deshalb ist diese „Anhäufung" vor allem für den Miniaturstil im E-Musikbereich bei schnellen Tempi wie Allegretto, Allegro usw. geeignet. Dieselbe Feststellung kann auch in der Jazz-, Rock- und Popmusik gelten, wenn wir Tänze mit schnellen Tempi wie Shuffle, Rock, Swing, Disco usw. betrachten.

Bsp. 83

b. eine **langsame Folge** des Harmoniewechsels in einer langen Zeit, oder ein und dieselbe Harmonie auf mehrere Takte aufgeteilt, bewirken einen weiten Atem. Deswegen ist dies meistens für die großen Formen im E-Musikbereich bei langsamen Tempi wie Adagio, Lento usw. geeignet. Dieselbe Feststellung kann auch in der Jazz-, Rock- und Popmusik gelten, wenn wir Tänze mit langsamen Tempi wie Slow, Blues, Soul usw. betrachten.

Bsp. 84

IV

Außer diesen natürlichsten Grundregeln der Häufigkeit des Harmoniewechsels gibt es Abweichungen aller Art, die den Charakter eines Titels beeinflussen können. Es ist keine Seltenheit, dass ein Jazz-, Rock- oder Popmusik-Titel in einem langsamen Tempo wie ein Slow z.B. doch wechselnde Akkorde pro Takt hat, während ein schneller Titel, wie ein Fox z.B. mit einem einzigen Akkord auf zwei oder sogar vier Takten versehen ist.

Das scheinbar Paradoxe der zwei Möglichkeiten a und b des Harmoniewechsels erklärt sich durch **Tempo** und **melodische Linie**:

- T e m p o , kurz definiert, ist der Geschwindigkeitsgrad eines Musikabschnittes oder eines ganzen Stückes.
- M e l o d i s c h e   L i n i e , kurz definiert, ist die allgemeine Kontur der Motive, Motivgruppen, Sätze usw.

Die Melodie eines Jazz-, Rock- oder Popmusik-Titels entfaltet sich in ihren rhythmischen Formeln im Rahmen der Metrik und auf dem Fundament ihrer notwendigen Harmonien.

„Rhythmik und Dynamik sind nur sekundäre Hilfsmittel – aber nicht ohne Bedeutung – für den Charakter eines Stückes."[30]

Zum Beispiel wird ein Slow oder Blues in seinem Charakter nicht beeinträchtigt, wenn er auch Folgen kleinerer Notenwerte beinhaltet. Ebenso wird ein Fox oder Shake charakterlich nicht beeinflusst, wenn er größere Notenwerte beinhaltet.

Wiederum, wenn in einem Slow z.B. die Dynamik sehr oft wechselt, wird die ruhige melodische Linie dadurch nicht beeinflusst. Auch beim Fox z.B. wird seine Lebendigkeit nicht geringer, wenn die Dynamik auf größere Linien verteilt ist.

- Der Charakter einer Komposition muss so bleiben, wie Ihr es geplant habt!

- Wann erscheint eine schnelle Folge des Harmoniewechsels?

- Was müsst Ihr berücksichtigen?

? ✎ ! Lasst Euch etwas einfallen!
Komponiert etwas!

 Achtung, die CD ist das A & O!
Hört auch die Beispiele 83, 84 dazu an!

2.2. Die Harmonie als bildendes Element der Form

Im Kapitel **Harmonieträger** wurde erläutert, wie der Harmoniewechsel zur deutlichen Gliederung eine außergewöhnliche Hilfe leistet. Aber auch innerhalb derselben Harmonie ist eine klare Gliederung „...*nicht nur von Gruppe zu Gruppe, sondern auch von Takt zu Takt, ja noch weiter ins Kleine gehend*"[31] möglich.

Solange kein Harmoniewechsel auftritt, haben wir auch nicht das Bedürfnis nach einer bestimmten Häufigkeit hierzu. Wenn aber der erste Harmoniewechsel – z.B. die erste Zählzeit des zweiten Taktes auftritt –, erwarten wir im nächsten Takt bzw. in den nächsten Takten an der entsprechenden Stelle wieder einen solchen Wechsel. Wie wir wissen, ist der effektive Wechselmoment der Harmonieträger immer der Anfang des Taktes bzw. die 1. Hauptzählzeit, aber nicht selten auch die 3. ebenso eine Hauptzählzeit des Taktes (im 4/4 Takt).

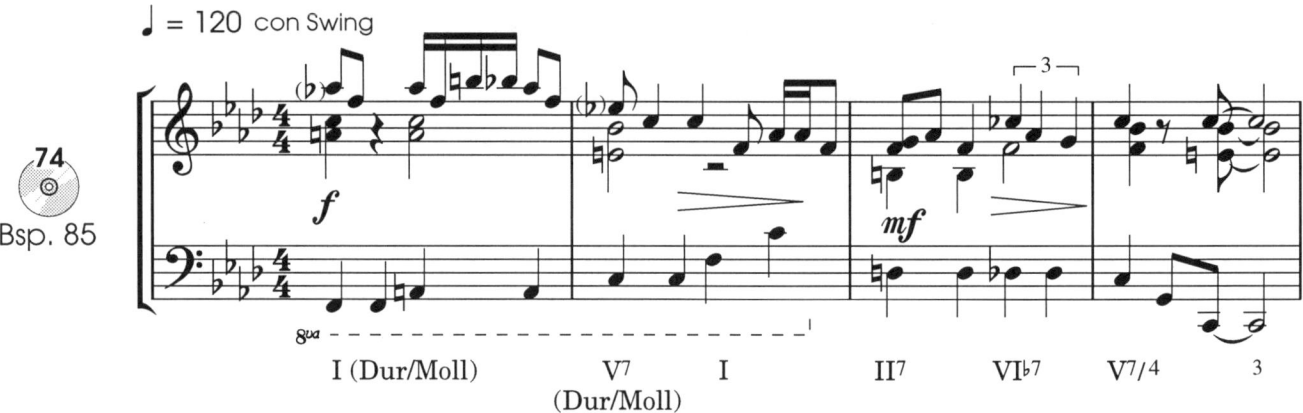

Ⓟ 1982 Karin Unger Musikverlage – Edition Tip-Top – Berlin/Stuttgart, „Drei Modaljazzthemen" Medium Fox (3. Stück) erschienen auf Mediaphon/ZYX CD

Ein Harmoniewechsel von einer schweren zu einer leichten Zählzeit verlangt in der Fortsetzung wieder einen sofortigen Harmoniewechsel von einer schweren zu einer leichten Zählzeit, und zwar aus Gründen der symmetrischen Übereinstimmung.

Es gibt zwei harmonische Tendenzen:

a. eine **positive harmonische Tendenz**, die fortschreitet, die vom Akkord der Tonika a b w e i c h t und eine andere Harmonie folgen lässt,

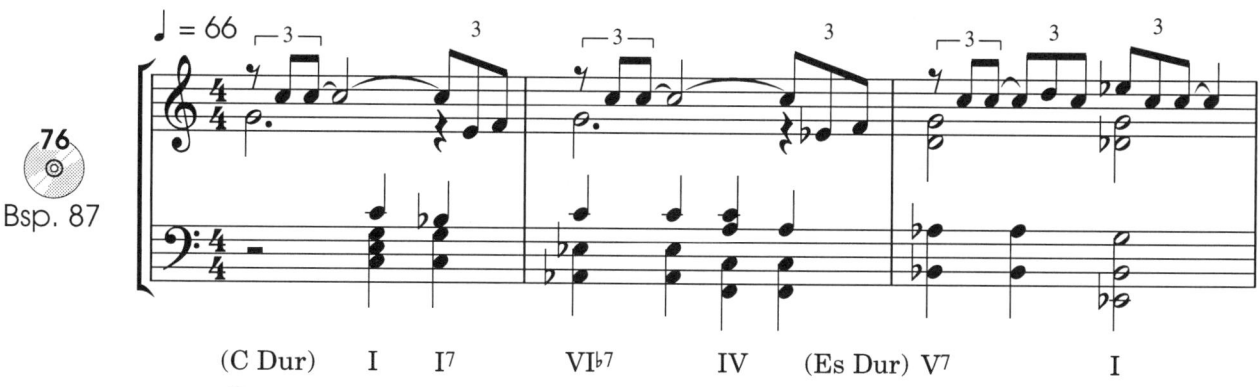

℗ 1982 Karin Unger Musikverlage – Edition Tip-Top – Berlin/Stuttgart, „Drei Modaljazzthemen"
Medium Fox (2. Stück) erschienen auf Mediaphon/ZYX CD

und

b. eine **negative harmonische Tendenz**, die rückschreitet und von der fremden Harmonie zum Akkord der Tonika z u r ü c k k e h r t.

℗ 1982 Karin Unger Musikverlage – Edition Tip-Top – Berlin/Stuttgart, „Drei Modaljazzthemen"
Medium Fox (2. Stück) erschienen auf Mediaphon/ZYX CD

- Wann erscheint der erste Harmoniewechsel?

- Anders gefragt, wie oft kann ein Harmoniewechsel vorkommen?

- Wann fühlen wir die Notwendigkeit weiterer Harmoniewechsel?

- Welcher ist der wichtigste Träger der Harmonie?

- Welche Möglichkeiten können noch vorkommen?

- Was ist eine positive und was ist eine negative Harmonietendenz?

Lasst euch etwas einfallen!
Komponiert dementsprechende Beispiele!

Was sagt die CD?
Hört euch die Beispiele 85 - 88 an!

3. Die Modulation

Weil dieses Buch ein Fachbuch der Kompositionstechnik für Jazz-, Rock- und Popmusik und keine Harmonielehre ist, enthält es auch keine ausführlichen Erklärungen in Bezug auf die Arten und Techniken der Modulation. Die **Modulation** wird nur als kompositorisches Mittel, das in der Jazz-, Rock- und Popmusik vorkommt, dargestellt.

Modulation bedeutet den Übergang von einer Grundtonart zu einer anderen Tonart während des musikalischen Verlaufs. Dadurch wird eine neue Tonika erreicht und Akkorde bzw. Akkordtöne der Grundtonart werden funktionell umgedeutet und auf die neue Tonart bezogen. Die klassische Harmonielehre kennt drei Modulationsarten, und zwar: die **diatonische**, die **chromatische** und die **enharmonische**. Diese Verfahren werden besonders in der konzertanten U-Musik (Evergreens) verwendet. Riemann definiert die Modulation als: *„...der Übergang aus einer Tonart in eine andere. (...), das Übergehen der Bedeutung des Hauptklanges (Tonika) auf einen anderen Klang."*[32]

Im Laufe der Entfaltung des Modulationsverfahrens sind drei Etappen zu unterscheiden:

- die G r u n d t o n a r t,
- die D u r c h g a n g s p h a s e (in ihrem Verlauf wechseln schrittweise die Funktionen der alten Tonart. Manchmal aber, wenn es sich um plötzliche Modulationen handelt, kann diese Phase fehlen.)
- die n e u e T o n a r t.

In unserem Themenbereich, und zwar der Jazz-, Rock- und Popmusik, stehen diese „klassischen" Möglichkeiten nicht mehr im Vordergrund. Im Laufe der Entwicklung der obengenannten populären Musik sind auch andere Modulationsarten entstanden. Aber wie gesagt, wir werden die Modulation nur als kompositorisches Mittel und nicht als Verfahren vorstellen. Die Modulationen, die als solche vorkommen können sind:

- **a.** die **„Jazzkadenz"**-Modulation,
- **b.** die **direkte** Modulation (ohne Durchgangsphase),
- **c.** die **parallele** Modulation (Moll → Dur, Dur → Moll),
- **d.** die **homonyme** Modulation (gleicher Grundton).

a. Die „J a z z k a d e n z" Modulation erscheint grundsätzlich im Verlauf der letzten Periode, wenn sich das Thema auf mehrere Perioden erweitert. Das heißt, dass die Tonika davor einen Dominantseptakkord oder Vertreter erhält z.B., dass die Subdominante mit der Subdominantparallele ausgetauscht wird (anstatt IV – V/S – D, II – V/Sp – D) Durch diese Kadenz vermeidet die Dominante die Erscheinung des alten Tonikaakkords, und im Laufe von ein paar Takten entfaltet sich eine Dominantenkette. Dadurch wird die Modulation vorbereitet, sodass die Tonika der neuen Tonart sehr natürlich herbeigeführt wird. Diese Modulationsart ist besonders in den Jazzthemen anzutreffen. Durch sie wird am Ende des Refrains moduliert, um den Middlepart in der neuen Tonart erscheinen zu lassen. Dieselbe Modulationsart wird auch am Ende des Middleparts verwendet, um in die alte Tonart zurückzukehren. Eine besondere Rolle spielt diese Modulationsart auch in der Jazzimprovisation, und das vor allem als Erweiterungsmöglichkeit der Grundharmonien.

b. Die d i r e k t e Modulation verfügt über zwei sehr unterschiedliche Möglichkeiten, und zwar:

– Wenn der erste Teil eines Titels in der Ausgangstonart auf der Tonika endet und der zweite Teil des Titels direkt und unabhängig von irgendeiner harmonischen Bedingung in einer neuen Tonart anfängt, ist das die erste Möglichkeit. Obwohl diese Situation mehr den harmonischen Änderungen von einem Motiv zu einem anderen, von einer Motivgruppe zu einer anderen ähnelt, hat diese Modulation, im Falle einer Änderung von einem Teil zum nächsten Teil eines Liedes, durchaus einen qualitätsvollen Effekt. In der Jazzmusik kann dieser Effekt vorkommen.

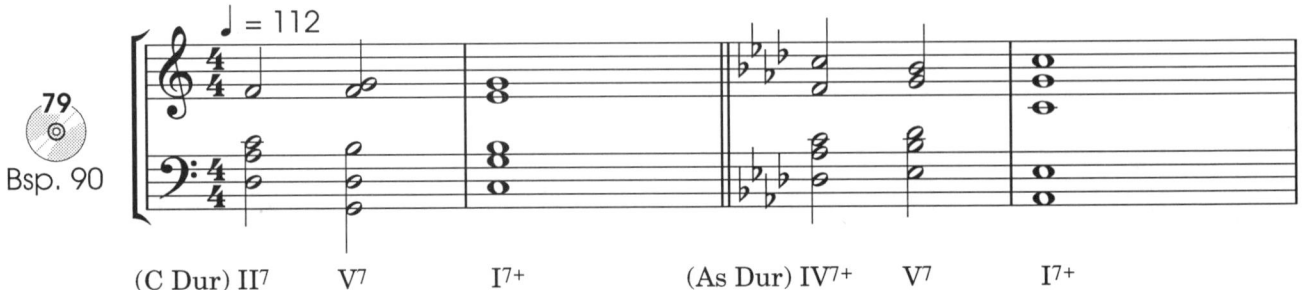

– Wenn der erste Teil eines Stückes in der Ausgangstonart auf Tonika oder Dominante (Dominante in der Mehrheit der Fälle) endet und die Tonart, die sich einen Halb- oder Ganzton höher befindet moduliert, ist das die zweite Möglichkeit. Dies wird auch **Rückung** genannt.

c. Die p a r a l l e l e Modulation erscheint vor allem in verschiedenen Songs des Rock- und Popmusik-Bereichs. Im Falle solcher Kompositionen wird die Strophe oft in Moll komponiert. Diese Moll-Tonart ist die Parallele der Dur-Grundtonart des Refrains. Die Erscheinung des Refrains in einer Dur-Tonart ist effektvoll, und das nicht nur wegen der überraschenden und angenehmen Dur-Wirkung. Die andere Möglichkeit der parallelen Modulation, und zwar Dur – Moll Tonart kommt seltener vor, und wenn, mehr in der Form:

Refrain → Middlepart → Refrain.

Eine freigewählte parallele Modulation, die innerhalb des Liedteils erscheint:

(a Moll) V7   III7 (V7)   I   V7

d. Die h o m o n y m e*) Modulation erscheint mehr in den Songs der Rock- und Popmusik. Das ist eigentlich nicht eine Modulation im wahrsten Sinne des Wortes, weil nur der Charakter der Grundtonart geändert wird oder es werden Moll mit Dur oder umgekehrt getauscht, also bleibt die Grundnote der Tonart dieselbe. Oft wird die Strophe des Songs in Moll und der Refrain in Dur geschrieben.

Die andere Möglichkeit der homonymen Modulation, und zwar erster Teil Dur-Tonika, zweiter Teil Moll-Tonika, kommt seltener vor.

Bsp. 93

(f Moll) I   IV7   V7/4-3   VI7   IV7   VII7   V7   (V7)

(F Dur) I   IV7+   (IV7+)   III7   II7   V7/4   3   I

*) Homonym – aus dem Griechischen homo – bedeutet „gleich" und onima „Name". Für die Bezeichnung der Kadenz „gleichnamig", weil es sich um dieselbe Tonika handelt.

- Ist alles klar geworden!? Versucht durch Kadenzabschnitte Modulationen zu schaffen! Nehmt die Modulationsarten in der Reihenfolge!

- Um das künstlerisch zu realisieren, verwendet alle bis jetzt erworbenen Kenntnisse dieses Buchteils!

- Folgt Eurem klanglichen ästhetischen Gefühl!

 Nun lasst Euch etwas einfallen!
Komponiert verschiedene Modulationen!

Hört die CD-Beispiele 89 - 93! Das hilft!

4. Die mixolydische Akkordstruktur

Im Verlauf eines Titels erweist sich oft eine „fremde" Dominante als unentbehrlich, weil häufig die Verbindung zu anderen Funktionen der Haupttonart nur durch eine solche Dominante realisierbar ist.

Diese besagte „fremde" Dominante haben wir **mixolydische Akkordstruktur** benannt. Sie heißt m i x o l y d i s c h, weil diese Akkordstruktur ein Auszug aus dem griechischen mixolydischen Modus (Kirchentonart) ist. Ursprünglich auf die Note G aufgebaut, ist es ein Dur-Modus mit kleiner Septime.

Bsp. 94

Halbton

Die mixolydische Akkordstruktur kann entstehen:

a. Auf den **Hauptfunktionen**. Diese Akkordstruktur stellt eine harmonische Grundlage eines Dur-Akkordes mit kleiner Septime dar. Also, manche Stufen (Funktionen) harmonischer Dur-Konstellationen (außer der Dominante, der Tonika und der Subdominante) können anstelle eines üblichen Dreiklangs als Dur-Akkord mit kleiner Septime verwendet werden. Dieser Septakkord bekommt für kurze Zeit Dominantcharakter für die folgende Funktion. Hier ein kurzes Beispiel:

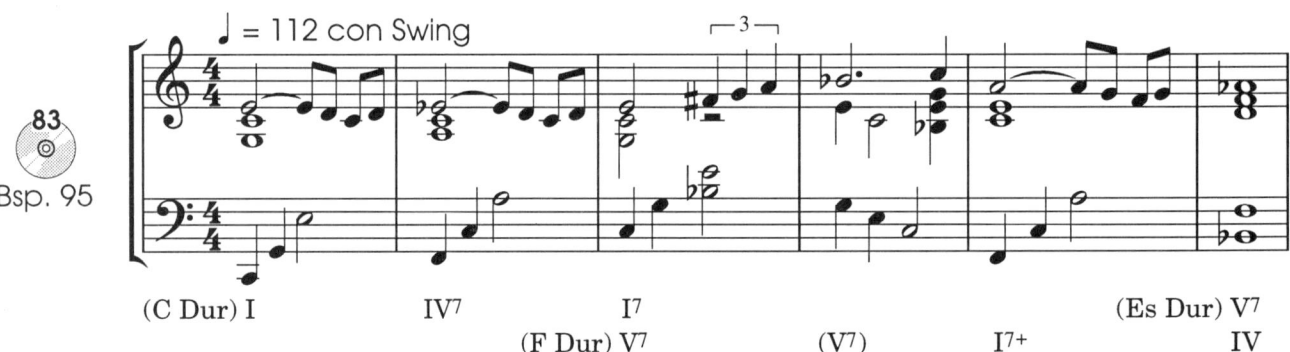

Bsp. 95

(C Dur) I   IV⁷   I⁷   (Es Dur) V⁷
              (F Dur) V⁷   (V⁷)   I⁷+   IV

Auch im vierten Takt des Bluesschemas bekommt die Tonika eine kleine Septime, also einen Dominantcharakter. Dieser Dur-Akkord mit kleiner Septime wird hier für kurze Zeit die Dominante der Subdominante, die sich im fünften Takt befindet.

Schema 11

/_____T____ /_____ /_____ /____T⁷____ /
                                                (D⁷)

/_____S____ /_____ /____T_____ /_____ /
    (T)

b. Auf den **Parallelfunktionen**. Außer auf der 1. (T) oder 4. Stufe (S) in Dur kann die mixolydische Akkordstruktur auch auf der 2. (Sp), 3. (Dp) oder 6. Stufe (Tp) eingesetzt werden. Wichtig ist, dass diese Akkorde (durch die Chromatisierung der Terz nach oben) Dur-Akkorde werden. Jeder davon, der nun auch eine kleine Septime bekommt, kann als mixolydische Akkordstruktur verwendet werden. In der Popmusik z.B. kommt die mixolydische Akkordstruktur oft vor.

• Wie immer in der tonalen Musik, hat die Dominante das größte Gewicht!
Sie ist die Wichtigste in Rahmen einer Kadenz!

• Sehr oft läuft nichts mehr ohne Dominante!
Kein Wunder, dass sogar „fremde" vorübergehende Dominanten notwendig sind!

 Also zeigt, was Ihr könnt!
Komponiert Kadenzen, wo solche „fremde" Dominanten unbedingt vorkommen sollen!

 Hört die CD-Beispiele 94 - 97! Das kann Euch zeigen, wann eine „fremde" Dominante notwendig ist!

5. Das Bartóksche Achsensystem

Obwohl die standardisierten klassischen Kadenzen der Harmonielehre schon tausend und abertausend Mal in den Stücken des Jazz-, Rock- und Popmusik-Bereichs verwendet wurden, sind diese Stufenfolgen dennoch nicht zu „altmodisch" oder zu „einfach". Darüber hinaus sind solche Stücke, deren Harmonie nicht nur einfach, sondern sogar simpel ist, recht häufig anzutreffen. Das ist ein großer Nachteil für ein gut geschriebenes Stück und nimmt ihm alle Chancen, ein Hit zu werden.

Die harmonische Struktur vieler guter Stücke von heute – und das um so mehr in der Zukunft – braucht höhere Qualität. Der Weg, um diese Qualität zu erreichen, ist eigentlich nicht schwierig. Die Träger der Harmonien, die auf den traditionellen Stufen I, IV, V bzw. auf den Funktionen Tonika (T), Subdominante (S), Dominante (D) basieren, müssen bereichert werden. Diese Bereicherung der Harmonieträger ist für den Komponierenden eine Herausforderung in Bezug auf die Steigerung der Melodiequalität. Wir müssen die Harmonien unserer Titel erweitern bzw. „modernisieren" und diese dem Zeitgeist anpassen. Dadurch wird die Komposition aktueller und wird dem Trend entgegenkommen. Der schnellste und sicherste Weg dahin ist das **Bartóksche Achsensystem**. Dieses System entfaltet in uns das Gefühl für die **bi-** und **polytonale** Harmonie. Über die polytonale Harmonie wurde und wird viel gesprochen. Deutliche schriftliche Erklärungen findet man jedoch kaum. Weil für die heutige Musik eine originelle und interessante Harmonie sehr wichtig ist, beschäftigen wir uns in den folgenden Zeilen mit dem Thema der polytonalen Harmonie, die durch das obengenannte Bartóksche Achsensystem erklärt wird.

Der Abstand zwischen den zwölf Tönen (Noten) des Quintenzirkels (Töne die auch als Funktionen betrachtet werden) ist die **Quinte**. Also umfasst die Quinte den Abstand der Subdominante (S) gegenüber der Tonika (T) und der Tonika (T) gegenüber der Dominante (D). Somit gibt es im Rahmen des Quintenzirkels periodische Wiederholungen von S, T und D. Im folgenden Schema betrachten wir C der Einfachheit halber als Tonika.

Schema 12

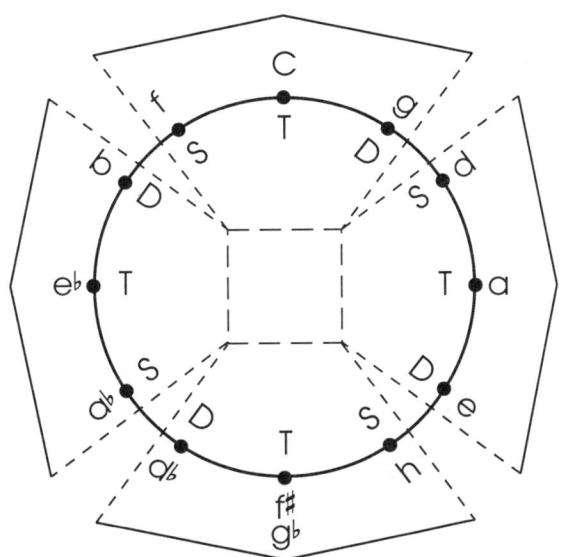

Nach dem Bartókschen Achsensystem entstehen folgende Funktions-Verwandtschaften:

– Der Schwerpunkt der **Tonikatonalität** befindet sich in engem Verwandtschaftsgrad zum Schwerpunkt der Tonikatonalität, die ihr durch eine Achse **gegenübergestellt** ist. Weiterhin befinden sich die Schwerpunkte der obengenannten Tonikatonalitäten in engem Verwandtschaftsgrad zu den Schwerpunkten der Tonikatonalitäten, die an den beiden Enden der **kreuzenden Achse** sind (siehe Schemagrafik 1 am Ende des Buches).

– Ebenso befindet sich der Schwerpunkt der **Subdominanttonalität** in engem Verwandtschaftsgrad zum Schwerpunkt der Subdominanttonalität, die ihr durch eine Achse **gegenübergestellt** ist. Auch die Schwerpunkte der obengenannten Subdominanttonalitäten befinden sich in engem Verwandtschaftsgrad zu den Schwerpunkten der Subdominanttonalitäten, die an den beiden Enden der **kreuzenden Achse** sind.

– Und schließlich steht der Schwerpunkt der **Dominanttonalität** in engem Verwandtschaftsgrad zum Schwerpunkt der Dominanttonalität, die ihr durch eine Achse **gegenübergestellt** ist. Auch die Schwerpunkte der obengenannten Dominanttonalitäten stehen in engem Verwandtschaftsgrad zu den Schwerpunkten der Dominanttonalitäten, die an den beiden Enden der **kreuzenden Achse** sind.

Schema 13

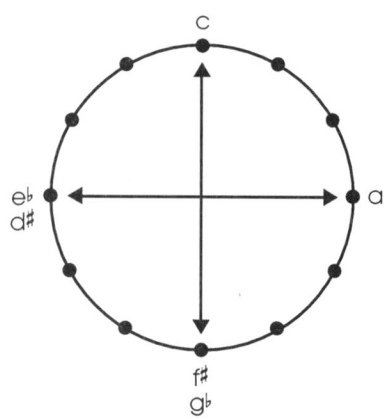
Tonika-Achse

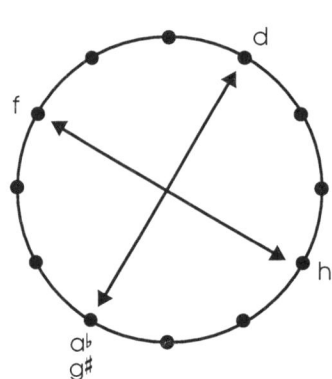
Subdominanten-Achse

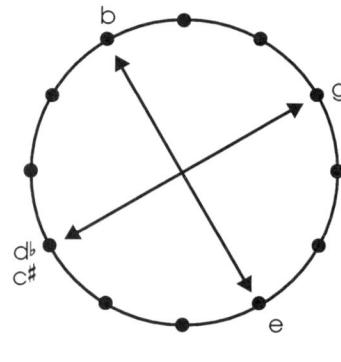
Dominanten-Achse

„Wichtig ist, die einzelnen Achsen nicht als verminderte Vierklänge zu betrachten, sondern als die Funktionsverwandtschaft von vier verschiedenen, auf dem Grundriss des verminderten Vierklangs beruhenden Tonalitäten, was am ehesten mit dem Dur-moll-Verhältnis der klassischen Musik verglichen werden kann."[33] Die Entwicklung der Funktionsverwandtschaft des Bartókschen Achsensystems endet damit aber nicht, wie nun Prof. Richard Bartzer ausführte (siehe Schemagrafik 1).

Nicht nur auf jeder Note des ursprünglichen Quintenzirkels, sondern **auf jeder** dieser Noten der Tonleiter schichten sich aufwärts die dementsprechenden Akkorde der nächsten Stufen, also auf der II, III, IV usw. Stufe.

Die Akkorde, die auf den Noten des Quintenzirkels aufgebaut sind und sich in unserer Schemagraphik 1 an der Basis jedes farbigen Rechtecks befinden, heißen **Grundakkorde** (I. Stufe).

Wenn z.B. der G r u n d a k k o r d **G-Dur** (mit oder ohne Septime) die Dominante der C-Dur Tonart ist, kann er mit allen anderen Grundakkorden, mit welchen er durch die Achsen in Verwandtschaft steht, und zwar mit dem **Des**-, **E**- und **B**-Dur Akkord kombiniert werden. Und mehr noch. Die Dominante der C-Dur Tonart z.B. kann als Grundnote sogar einen der Verwandtakkorde übernehmen. Aber das ist noch nicht alles.

Ebenso kann dieser G r u n d a k k o r d **G-Dur** (mit oder ohne Septime), der die Dominante der C-Dur Tonart ist, auch mit **allen** anderen Dur- und Moll-Akkorden, die im Laufe der Tonleiter aller Grundakkorde, mit welchen **G-Dur** durch die Achsen in Verwandtschaft steht, kombiniert werden.

Die Benennung jeder Dur-Tonleiter und ihrer Moll-Parallele ist jeweils oben über dem Rechteck angegeben und mit einer Klammer markiert. Jedes Rechteck beinhaltet von unten nach oben die aufgestellten Akkorde, die auf den sieben Stufen der jeweiligen Tonleiter mit Buchstaben notiert sind. Auf der linken Seite jedes Rechtecks sind die Stufen ihrer Moll-Parallele mit römischen Zahlen abzulesen. Versetzungszeichen (♯, ♭, ♮), die im oberen Teil der ersten Buchstaben einiger Akkorde geschrieben stehen, gelten für die II, VI und VII Stufe in Moll. Die jeweils 2., 6. und 7. Note der Moll-Tonleiter kann jederzeit – wegen der harmonischen Variante der Tonleiter (7. Note erhöht) und melodischen Variante der Tonleiter (6. und 7. erhöht) und außerdem wegen der neapolitanischen Sexte*) (2. Note erniedrigt) –, Änderungen erfahren. Gerade deswegen sind die Stufen (Funktionen), die sich auf der 2., 6. und 7. Note der Moll-Tonleiter befinden, unbeständig, labil.

Wie wir sehen können, haben die Verwandtschaften in diesem erweiterten Bartókschen Achsensystem einen viel größeren Raum. Beispielsweise ist die C-Tonika mit den sieben Akkorden, die über ihr in der Tonleiterfolge notiert sind, mit der ihr am anderen Ende der Achse gegenübergestellten Tonika und deren sieben Akkorden verwandt. Des Weiteren ist sie auch mit den beiden Toniken und den jeweiligen sieben Akkorden, die sich an den beiden Enden der senkrecht kreuzenden Achse befinden, verwandt. Deshalb sind die vier Rechtecke, die diese Akkorde beinhalten, gleichfarbig. Diese Verwandtschaften der Tonalitäten und der Funktionen untereinander erweitern die Möglichkeiten der Harmonisierung unglaublich. Dies aber kann vor allem in unseren Jazzstücken, aber nicht nur dort, Verwendung finden. Es ist wichtig zu wissen, dass die Verwandtschaft der gegenüberstehenden Tonalitäten – wie z.B. **G** und **Des** – viel enger ist und mit wesentlich klarerer Wirkung reagiert, als die Verwandtschaft dieser Tonalitäten mit den zwei anderen Tonalitäten der durchkreuzenden Achse bzw. **E** und **B**. Ein Dominantakkord **G**^{7} in C-Dur z.B. kann jederzeit mit **D**♭^{7} kombiniert oder ausgetauscht werden, ohne das Gefühl zu beeinträchtigen, dass wir uns in C-Dur befinden. Das bedeutet aber nicht, dass der Dominantakkord **G** oder **G**^{7} nicht auch mit Akkorden der Tonalitäten der durchkreuzenden Achse bzw. **E** und **B** kombiniert werden kann. Dieselbe Erklärung gilt auch für die Subdominante (siehe Schema 13 und Schemagraphik 1).

---

*) Neapolitanische Sexte = eine Kadenzart in Moll, die in Jazz-, Rock- und Popmusik seltener vorkommt. Im Falle dieser Kadenz wird die Grundnote des Akkordes der 2. Stufe um einen Halbton erniedrigt, sodass dieser Akkord ein Dur-Akkord wird. Im Laufe der Kadenz I - II - V - I wird der Akkord der zweiten Stufe in erster Umkehrung verwendet. In diesem Fall sieht die Kadenz so aus: I - II^6 - V - I.

Nur ein Beispiel: Die Note **e**, die sich in einer Melodie und auf einer betonter Zählzeit befindet, so dass sie eine Harmonisierung benötigt, könnte mit dem Dominantakkord wie folgt harmonisiert werden:

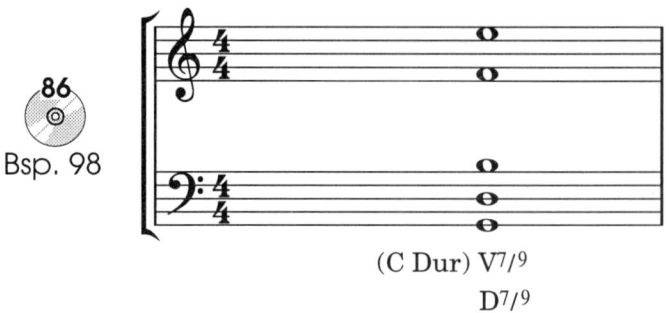

Bsp. 98

(C Dur) V7/9
D7/9

Dieselbe Note kann aber auch anders harmonisiert werden, und zwar bleibt der ursprüngliche Dominantakkord erhalten, wirkt jedoch wesentlich voller.

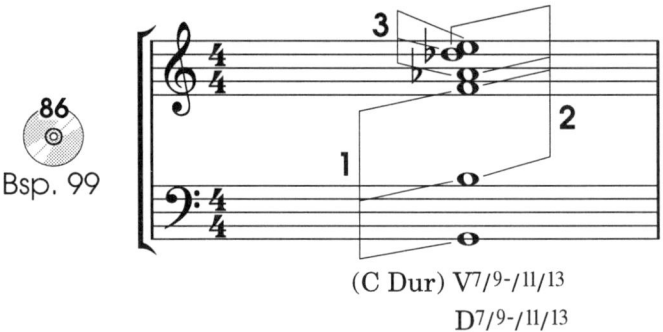

Bsp. 99

(C Dur) V7/9-/11/13
D7/9-/11/13

Erklärung: 1. **G7**   Grundakkord
2. **D♭7**   (H-Note des Akkordes = C♭)
3. **d♭-Moll** (E-Note des Akkordes = F♭)

Hier wurde ein **polytonaler** Akkord verwendet: Der Grundakkord **G7** steht durch das Bartóksche Achsensystem mit dem Grundakkord **D♭7** und mit **d♭-Moll** (VI. Stufe in E-Dur **c♯ - e - g♯** = **d♭ - f♭ - a♭** enharmonisch) in Verwandtschaft. Solche Akkorde werden nur dann gewählt und verwendet, wenn auch der Charakter des Stückes es verlangt und/oder zulässt. Die verwandten Tonalitäten kann man also untereinander ersetzen oder miteinander ergänzen, ohne dass der Kadenzcharakter beeinträchtigt wird.

Das Bartóksche Achsensystem bringt mehr Transparenz gegenüber der ursprünglichen, simplen Art der Erhöhung oder Erniedrigung der Quinte, Septime oder None usw., wodurch die Komplexität der Akkorde nur einigermaßen erreicht werden kann, wie zum Beispiel G7/9-/11+/13 oder Cm7+/9/11. Dadurch kann aber die Bi- und Polytonalität nicht erklärt werden. Das ist viel komplexer als man glaubt! Nur das Bartóksche Achsensystem hat die natürliche Lösung dafür. Am Wichtigsten ist, dass nur damit eindeutig festzustellen ist, mit welchen anderen Akkorden „die klassischen" Funktionen wie die Subdominante oder Dominante untereinander getauscht oder miteinander ergänzt werden können, ohne dass der Charakter derjenigen Funktionen verloren geht (siehe Schemagraphik 1 und 2).

Nehmen wir ein konkretes Beispiel anhand einer Kadenz: I - VI - IV - V - I, mit der funktionsharmonischen Struktur T - Tp (Tonikaparallele) - S - D - T beziehungsweise C - Am - F - G - C.

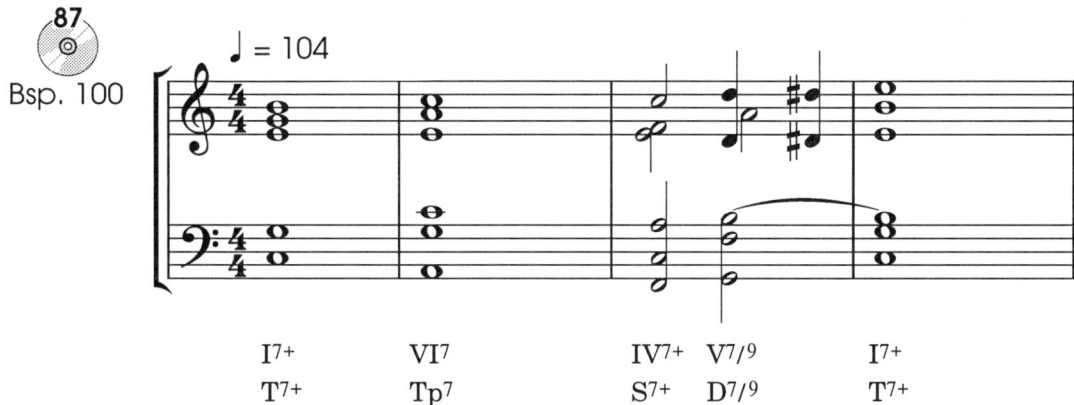

Bsp. 100

| I^{7+} | VI^7 | IV^{7+} | V$^{7/9}$ | I^{7+} |
| T^{7+} | Tp^7 | S^{7+} | D$^{7/9}$ | T^{7+} |

Weil der Charakter der S und D aus der C-Dur Tonleiter erhalten bleibt, kann die Kadenz I - VI - IV - V - I auch folgende harmonische Struktur haben, und zwar: I - VI - IV - V - I / T - Tp - S - D - T / C - Am - A♭ - D♭ - C.

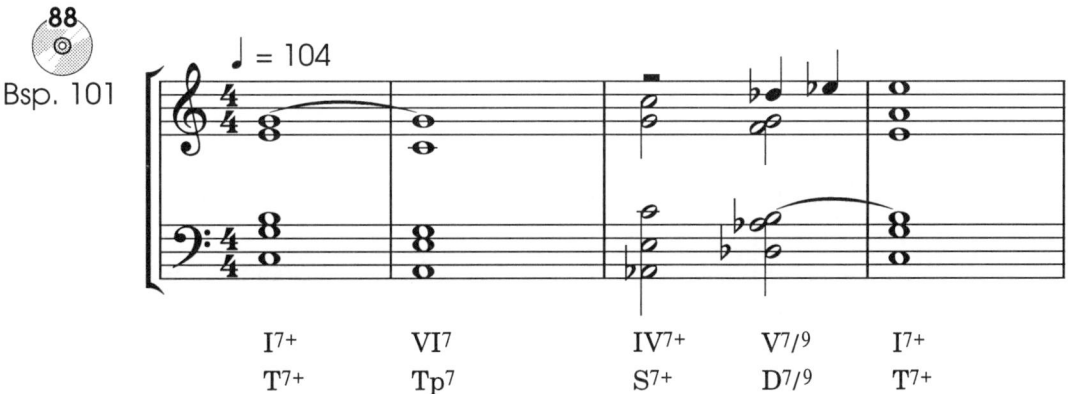

Bsp. 101

| I^{7+} | VI^7 | IV^{7+} | V$^{7/9}$ | I^{7+} |
| T^{7+} | Tp^7 | S^{7+} | D$^{7/9}$ | T^{7+} |

Grundsätzlich ist das Bartóksche Achsensystem mit Erfolg auf den Hauptstufen IV und V bzw. auf die Funktionen S und D anwendbar, weniger aber auf der Hauptstufe I bzw. T, welche normalerweise deutlich bleiben muss. Wenn die I. Stufe bzw. T im Laufe der Durchgangsphase einer Modulation z.B. eine andere Rolle übernehmen muss, dann kann sie ebenso erweitert werden. Das nächste Beispiel ist ein Abschnitt aus einem Medium-Fox, wo für die V Stufe bzw. D das Bartóksche Achsensystem verwendet worden ist.

Bsp. 102

| I | I^7 | VI^7 | V^7 | I | V^7 | I^7 |
| T | T^7 | Tp^7 | D^7 | T | D^7 | T^7 |

℗ 1982 Karin Unger Musikverlage – Edition Tip-Top – Berlin/Stuttgart, „Drei Modaljazzthemen"
Medium Fox (1. Stück) erschienen auf Mediaphon/ZYX CD

Es folgt eine kurze Erweiterung unserer Erklärungen zum Achsensystem Bartók/Bartzer, vom Autor neu entworfen und vervollständigt (siehe Schemagraphik 2). Alle Erläuterungen, die vorher für das Achsensystem Bartók/Bartzer bezüglich des Quintenzirkels gemacht worden sind, gelten auch im Falle dieses neuentworfenen und vervollständigten Achsensystems.

Die Buchstaben, die als herkömmliche Notation Verwendung fanden, können nicht immer optimal und einheitlich die Namen und Höhen der Noten darstellen. Wenn wir nur an den Unterschied zwischen der deutschen und amerikanischen Notation denken, könnten wir schon mit **B** und **H** Schwierigkeiten haben. Statt **H** wird in England, USA und anderen Ländern die Bezeichnung **B** verwendet und unser **B** wird dort zu **B**♭.

Außerdem sind in allen anderen Ländern, die von der Kultur des deutschsprachigen Raums weniger beeinflusst wurden, anstatt **C, D, E, F, G** usw. die Namen **Do** (oder **Ut** in Frankreich), **Re, Mi, Fa, Sol** usw. gebräuchlich. Wir meinen, dass bezüglich der Notenhöhenbenennung mit Buchstaben oder Silben Missverständnisse leicht möglich sind. Deshalb wurde in der zweiten Schemagraphik die Buchstabennotation durch Notenhöhen ersetzt. Es versteht sich von selbst, dass die drei Noten jedes Akkordes bzw. Grundnote, Terz, Quinte, nur seine Grundnoten repräsentieren. Wie in der ersten Schemagraphik können hier die Akkorde jederzeit weiter aufgebaut werden, z.B. durch Hinzufügung von kleinen oder großen Septimen, Nonen usw. Außerdem ist die Quinte diejenige Note des Grundakkordes, die weggelassen werden kann. Somit vereinfacht dieses Schema auch die optische Darstellung des Akkordes, an dessen Gestaltung wir gerade arbeiten.

Für viele theoretische Erklärungen, wie auch bei der praktischen Arbeit, ist der sogenannte Quintenzirkel unentbehrlich.

Schema 14

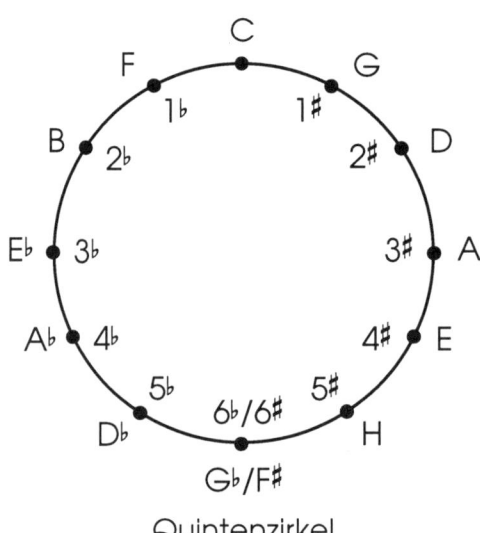

Quintenzirkel

Im wahrsten Sinne des Wortes vollenden die Tonalitäten, die im Quintenabstand in einer Richtung mit Kreuzen und in der anderen Richtung mit Bes nacheinanderfolgen, eigentlich keinen Kreis, sondern eine Quintenspirale!

Schema 15

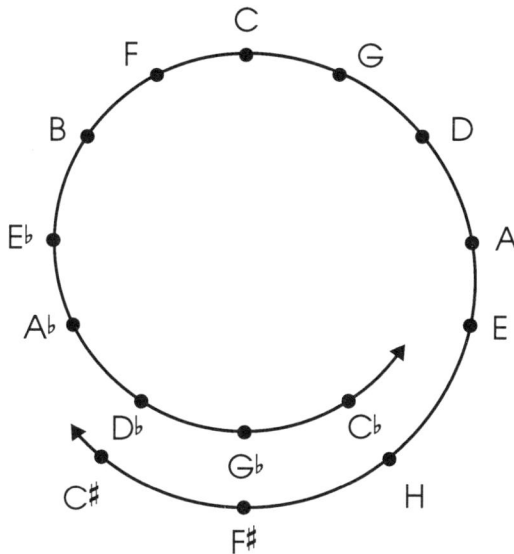

Quintenspirale

F♯ Dur trifft G♭ Dur nicht! Diese beide Tonalitäten gehen aneinander vorbei und entwickeln weiter die nächsten Tonalitäten in der Kreuz-Folge C♯, G♯ usw. und in der Be-Folge C♭, F♭, usw. Das ergibt schließlich eine Spirale! Die Spirale ist eben auch das Symbol der Entwicklung.

Diese beiden Symbole des Quintenzirkels und der Quintenspirale stellen schematisch die Folge der Klänge im temperierten und reinen System vor. Wie wir gesehen haben, konnten nach dem Bartókschen Achsensystem, das auf diesen beiden ursprünglich einfachen Klangsymbolen basiert, die Möglichkeiten der **bi-** und **polytonalen** Harmonie bis zu ihrer maximalen Dehnbarkeit erweitert werden. Wegen der Komplexität, die solche Akkorde durch Kombinationen der Verwandtakkorde gewinnen können, ist die schematische Präsentierung der Achsen auch in einer Spiralengestaltung erforderlich (siehe Schemagraphik 2)!

- Vorsicht! Ihr müsst zuerst den Mechanismus dieser Struktur verstehen!

- Vorläufig übt das Ganze nur mit einer kurzen Kadenz, wie z.B. IV - V - I bzw. S - D - T! Entrollt die verschiedenen Möglichkeiten der S und D im Rahmen irgendeiner Tonart!

- Kombiniert traditionelle Subdominanten mit anderen möglichen Subdominanten! Dasselbe mit der Dominante!

- Alle diese Akkorde werden „härter" sein, aber sie sind „in Ordnung", wenn sie im Laufe der Kadenz überzeugen!

? ! Nun lasst Euch etwas einfallen!
Komponiert Kadenzen mit Verwandtfunktionen!

Hört die CD-Beispiele 98 - 102 an! Anfangs ist das wirklich notwendig!

III. Die Formen in der Jazz-, Rock- und Popmusik

1. Die standardisierten Liedformen

Sowohl die Jazz-, Rock- Pop-, als auch die anderen Trendrichtungen der populären Musik sind unterhaltsam und anregend. Das erklärt auch, warum uns die Musik zur Bewegung, zum Tanzen „einlädt".
Im Falle einer Open-air-Rockaufführung, eines Jazzkonzertes in einer Mehrzweckhalle – oder schlicht, in einer Bar mit intimer Atmosphäre – haben wir einen ganz anderen seelischen Zustand, im Vergleich mit den Zuhörern, die sich in einem Konzertsaal eine Sinfonie anhören.

In der Jazz-, Rock- und Popmusik sind viele Elemente enthalten, wobei einige mit dem **Gefühl** und andere mit dem **Verstand** zu tun haben. Das Gefühl wird vor allem vom Rhythmus und von der Länge der Sätze und der Perioden beeinflusst. Als Gliederung, als Aufbau eines Titels ist die **Form**, die Zusammensetzung der Komposition maßgebend. Sie ist ein künstlerisch-schöpferisches Ergebnis in unmittelbarem Bezug zur Melodie, zum Rhythmus, zur Harmonie, zum Tempo und zur Dynamik. Sehr oft wird die Form gerade vom gesungenen Text, der einen bestimmten inhaltlichen Charakter hat, beeinflusst. Ein wichtiger Aspekt bezüglich der Form ist auch die Wirkung, der Einfluss der populären Musik, die besonders klar im Formbereich ist.
Kurz nachdem ein neues, gut geschriebenes Stück auf dem Markt erscheint, können viele Menschen diesen Titel – oder zumindest Teile davon – singen/spielen. Warum sind diese Menschen, die meist einen ganz anderen Beruf haben, durchaus in der Lage, Passagen oder sogar ganze Titel (oftmals völlig unbeabsichtigt), nachzusingen oder zu spielen? Eben deshalb, weil die Form des so bekannt gewordenen Titels klein ist! Eine Liedform beinhaltet keine besonderen Entwicklungen, Kontraste usw., die der Verständlichkeit schaden könnten. Beginnend mit der Motivbearbeitung gemäß des Kompositionsvorganges ist schließlich die **Liedform** entstanden. Und fast immer hat diese Form, die die große Masse lernen konnte, Verwendung gefunden. Für solche Lieder ist unbedingt eine periodisierte achttaktige Einheit notwendig. Das Gefühl dafür „liegt in uns". Deswegen sind nachträglich die 16, 24, 32taktigen Endformen der Liederlängen entstanden. Im Laufe der Zeit, nach einer bestimmten Metamorphose, haben sich einige Liedformen wie **Blues** standardisiert.

Bevor wir mit den Erläuterungen darüber beginnen, muss noch etwas Wichtiges geklärt werden. Es ist nicht selten, dass in verschiedenen Musikbereichen keine Einigkeit bezüglich der Terminologie existiert. Die Fachworte, die wir im Bereich dieses Musikgenres verwenden werden, sind die üblichen, die passenden. Es handelt sich um folgende Begriffe: **Intro**, **Strophe**, **Middlepart**, **Refrain**, **Bridge** und **Coda**.

– Das Fachwort I n t r o, mit dem Sinn Einleitung, wird fast überall akzeptiert und verwendet.

– Außer dem Fachwort S t r o p h e – für einen ersten Liedteil – werden auch **Vers** oder **Couplet** verwendet. Beide Begriffe – Vers und Couplet – als Form-

bezeichnung bzw. als Liedteilbezeichnung finden wir weniger empfehlenswert. Die Begründungen dafür:
V e r s, mit dem Sinn einer Strophe, bringt deswegen zu viel Verwirrung, weil dieser auch eine einzige Zeile einer Strophe bedeutet. Wenn wir in der Tat nun über den Vers einer Strophe sprechen wollen, erscheint schon eine Unklarheit.
Obwohl mit dem Wort C o u p l e t der erste Teil verschiedener Titel der Rock- und Popmusik des öfteren benannt wird, findet dieser Begriff doch mehr im Theaterbereich Verwendung.

Das Wort S t r o p h e wird heutzutage immer öfter als Begriff für den ersten Teil eines Songs der Popmusik verwendet. Nach der/n Strophe(n) dieses Teiles folgt unmittelbar der Refrain des Titels.

Beim M i d d l e p a r t (Mittelteil, wie das Wort sagt) handelt es sich um den zweiten Liedteil eines Titels. Die weiteren Fachworte R e f r a i n, B r i d g e und C o d a werden schon längst auch im U-Musikgenre akzeptiert.

Wie die Entwicklung der U-Musik zeigt, wird die Zweiteiligkeit im Aufbau
a. Strophe → Refrain in der Popmusik am meisten verwendet, kommt aber auch in der Rockmusik vor.
Nicht selten kann in dieser Musik auch eine **Bridge** vorkommen. Das ist ein dritter Teil des Songs, mit einer völlig neuen Melodie, die normalerweise *ein einziges Mal* im Laufe des Songs erscheint. Diese Form ist typisch für die Mehrzahl verschiedener Hits.

Wie bekannt, stammt ursprünglich die Rockmusik aus den USA (Rock'n' Roll). Diese Musik ist sehr frei, und deswegen akzeptiert sie eine große Breite von Stilkonzeptionen und Spielweisen. Obwohl diese Musik eine afro-amerikanische Tradition hat (den Blues), muss ausdrücklich betont werden, dass die Rockmusik in ihrer Entwicklung im Laufe der Jahrzehnte mit allen möglichen Genres und Gattungen der Musik, angefangen mit der Folklore bis zum Jazz, von der Klassik bis zur Moderne, beeinflusst und vermengt wurde. In den 60er Jahren erschien dieser Musikstil in Großbritannien, nachdem er auch von vielen anderen Folklorearten beeinflusst wurde. Dadurch bekam die Rockmusik auch eine europäische Prägung. Im Gegensatz zur Popmusik, die überwiegend den Aufbau Strophe → Refrain verwendet, findet in der Jazzmusik vor allem der Aufbau
b. Refrain → Middlepart → Refrain Verwendung. Diese beiden sind die zweiteiligen Liedformen – AB*), die sich herauskristallisiert haben, wie es auch die vorher präsentierten standardisierten Formen der Pop-, aber oft auch der Rockmusik: Strophe (A) → Refrain (B) und der Jazzmusik: Refrain (A) → Middlepart (B) → Refrain (A) zeigen.

Diese beiden Arten der Liedform haben eine völlig andere inhaltliche Struktur und deswegen unterscheiden sie sich vollkommen. Dieser Unterschied ist auch deshalb so groß, weil diese beiden Liedformen auch ganz andere Entwicklungen im Laufe der Zeit hatten. Außerdem hat besonders die Jazzmusik keine Liedform bewusst verwendet. Die Jazzmusikform ist *„...eher eine Kunstform des Musikers als des Komponisten. (...) Und das ist der Schlüssel zu*

---

*) **A** = erster Teil des Liedes, **B** = zweiter Teil des Liedes.

dem ganzen Problem. Es ist der Musiker, der Jazz macht, indem er improvisiert. Die populäre Melodie benutzt er nur als Vorwand zum Arrangement seiner Noten. Er putzt sie auf seine Weise heraus und schafft damit etwas Neues."[34]

Zu **a.**: Wie schon gesagt, ist die Liedform (die in großem Maße in der Pop- aber auch in der Rock-Musik vewendet wird) diejenige Form, die sich im Laufe dieses Jahrhunderts vor allem in Europa entwickelt und verbreitet hat. Typisch für die europäische U-Musik ist eine gewisse Vorbereitung für den Refraineinsatz. Diese Vorbereitung wird durch die Strophe realisiert. Diese Liedform stammt aus Frankreich aus dem unterhaltenden Musiktheater des 18. und 19. Jahrhunderts. Dort handelt es sich immer um ein Strophenlied. Durch die Strophe wird derjenige Teil des Liedes vorgestellt, dessen Stropheninhalt immer ein anderer ist, und als erster Teil mit A bezeichnet. Die Strophe wird grundsätzlich mit Wiederholung gesungen/gespielt. Der Refrain, der meist eine andere Struktur als die Strophe hat, hat immer (oder fast immer) denselben Textinhalt. Er folgt der Strophe als zweiter Teil, mit B bezeichnet. Der Refrain wird meistens auch wiederholt. Hier ist vor allem die Schlagzeile wichtig! Das Ganze bzw. Strophe → Refrain kann wiederholt werden. Für mehr Reiz sorgt die Wiederholung eines Refrains, der einen Halb- oder Ganzton höher moduliert. Also wird der musikalische Ablauf entsprechend der Form AB, AAB, AABB, ABCA usw. gegliedert. Diese Form, die bis heute die wichtigste Form für die Popmusik blieb, ist die **europäische Liedform**.

Dazu ein Beispiel:

Zu **b.**: Nur nach einer langen Metamorphose hat sich die Form in der Jazzmusik gefestigt. Diese Form, die bis heute eine der wichtigsten für die Jazzmusik blieb, ist die **amerikanische** Liedform. Später fand diese Form auch in der Rock-Musik Verwendung. Wie schon erläutert, ist der Forminhalt in diesem Fall: **Refrain** (A) → **Middlepart** (B) → **Refrain** (A).

In dieser Form wird grundsätzlich der erste R e f r a i n (A) mit Wiederholung gesungen/gespielt. Oftmals werden in einer zweiten Präsentierung die Harmonien dieser ersten beiden Teile A – in der Fortsetzung – für eine instrumentale Improvisation verwendet, wonach, angefangen mit dem M i d d l e p a r t (B), das Thema des Titels wieder aufgegriffen wird. Der Middlepart dieser Liedform bringt oft durch Modulation eine neue Tonart mit sich, die am Ende zur ursprünglichen Tonart des R e f r a i n s zurückkehrt. Also, die übliche Form ist: AABA – AA (evtl. Improv.) BA. Auch hier sind viele Varianten möglich. Eine davon:

(P) 1982 Karin Unger Musikverlage – Edition Tip-Top – Berlin/Stuttgart, „Drei Modaljazzthemen"
Medium Fox (3. Stück) erschienen auf Mediaphon/ZYX CD

Es ist üblich, dass der ganze Titel nochmals gesungen/gespielt wird und danach die Coda folgt. Erst dann, wenn die Komposition in einer der zwei Liedformen oder in einer anderen möglichen endgültig komponiert und harmonisiert wurde, können wir uns vornehmen, die **Intro** und die **Coda** zu schreiben. Durch verschiedene Motivbearbeitungen, harmonische Änderungen usw. werden auch diese beiden wichtigen „Ergänzungen" aus dem Material des Titels geschaffen.
Beispiele solcher kompletten Formen:
Intro – Strophe – Strophe – Refrain – Strophe – Refrain – Refrain – Coda,
Intro – Strophe – Refr. – Strophe – Refr. – Bridge – Strophe – Refr. – Coda,
Intro – Refr. – Middlepart – Refr. – Refr. (Improv.) – Middlepart – Refr. – Coda.
Bei einigen Hits ist die vollendete Form so gedacht, dass sie ohne Intro und/oder ohne Coda auskommen muss. Dies ist aber von der Bestimmung der Komposition, ob sie als Theater-, Film- usw. Musik gedacht ist, abhängig. Außerdem können Stücke auch ohne Coda bzw. „perdendosi" enden, wie es in der Fachsprache des Tonmeisters benannt ist: „ausblenden". Das heißt, dass der letzte Teil eines Stückes des öfteren wiederholt wird, während die melodische Linie immer leiser gesungen/gespielt wird, bis sie schließlich ganz verklingt.

- Wenn wir in der Jazz-, Rock- und Popmusik über standardisierte Formen sprechen, handelt es sich hier um komplette Titel, die aufgrund dieser Formen komponiert werden können!
  Kennt Ihr diese Formen?

- Alle dafür notwendigen Kenntnisse beherrscht Ihr schon längst! Zeigt es durch neu komponierte Titel!

? ! Lasst Euch etwas einfallen!
Komponiert ganze Stücke!
Nicht zu vergessen:
Intro und **Coda** sind oft wünschenswert!

Hört Euch die Beispiele 103 und 104 auf der CD an, wie solche fertigen Jazz- oder Rockstücke klingen!

1.1. Der Blues

Ursprünglich ist der Blues „...*die wahrscheinlich einzige, älteste und eigenständige Form in der Musik der amerikanischen Neger...*"[35]
Schon seit Beginn ihrer Zwangsverschiffung haben sich die schwarzen Sklaven des Südens dieser Liedform quasi intuitiv bedient. Die Elemente der afrikanischen Musik sind anschließend von den Elementen der europäischen Musik beeinflußt worden, und das auf amerikanischem Boden. Auf diese Weise sind die wichtigsten Charakteristika des Blues durch die Verschmelzung dieser drei Kulturen entstanden.

Der Blues gehört zu einer der wertvollsten Traditionen der populären Musik und hat sich als einer der bedeutendsten afroamerikanischen Musikstile etabliert. Eine besondere Rolle hat der Blues später auch für die Rockmusik gespielt, wo er maßgebend für deren Entwicklung war. Die wichtigsten Merkmale des Blues sind:

  a. die Blue Notes
  b. die Formlänge
  c. die harmonische Folge der Funktionen

a. Die B l u e N o t e s. Die Schwarzen kannten die Begriffe Dur/Moll und des Leittons der Tonleiter nicht. Später, im Verlauf seiner Entwicklung, als der Blues von den europäisch-amerikanischen Musikelementen beeinflusst wurde, ist eine Bluestonleiter entstanden. Zuerst, und zwar am Ende des 19. Jahrhunderts wurde die Terz als Blue Note verwendet und etwa zwei Jahrzehnte später kam auch die Septime als Blue Note in Gebrauch. Danach, durch die rasante Entwicklung der Jazzharmonie, hat sich auch die erniedrigte Quinte (Flatted Fifth) als Blue Note entwickelt.

Bsp. 105

Bei dieser Tonleiter sind die Noten bzw. die Terz, Quinte und Septime schwankend. Vor allem aber werden die Bluesterz und Bluesseptime oft verwendet. Diese Blue Notes, die ursprünglich nur ein Ausdrucksmittel der damaligen Sänger waren, beeinflussten die Jazzharmonie ungemein.

Der schwankende Charakter der Blue Notes lässt es immer offen, ob die Terzen der Tonika und der Dominante die Entstehung eines Dur- oder Moll-Akkordes verursachen. Das beeinflusst selbstverständlich auch den Charakter der Grundtonart. Außerdem bestimmt die Bluesseptime auch, ob die siebente Note dieser Tonleiter ein Leitton ist oder nicht. Das legt auch die Art des Dominantseptakkordes fest, ob er Dur, Moll oder **beides** ist. Die erniedrigte Quinte als Blue Note kann die innere Struktur der Blues-Akkorde erheblich beeinflussen.

b. Die Formenlänge. Ursprünglich beinhaltet der Blues, der mehr eine gesungene Musik ist, und von einem Instrument, wie dem Akkordeon begleitet wird, eine einfache harmonische Folge. Diese wurde immer in 4taktigen Gruppen gegliedert. Die Form des Blues beinhaltete einmal acht, mal zwölf oder sechzehn Takte, und das in großem Maße abhängig auch von der Struktur der gesungenen Texte. Nach einer bestimmten Entwicklungsphase hat sich eine Art **Bluesschema** gebildet. Auch die damals gesungenen Bluestexte haben die Entstehung der 12taktigen standardisierten Bluesform beeinflusst. Das Schema ist:

Schema 16

1. Satz /_____ /_____ /_____ /_____ /

2. Satz /_____ /_____ /_____ /_____ /

3. Satz /_____ /_____ /_____ /_____ /

Dadurch hat der Blues eine eigenständige **Lied-Form** erhalten.

c. Die harmonische Folge. Die dritte Eigenheit des Blues, die seinen außergewöhnlichen Charakter hervorhebt und ihm noch mehr afroamerikanische „Farbe" gibt, ist seine – zum Standard gewordene– Funktionsfolge.

Schema 17

// _T_____ /_____ /_____ /_T7_____ /

/_S_____ /_____ /_T_____ /_____ /

/_D7_____ /_S7_____ /_C_____ /_G7_____ // _C_____ //

Die drei Dur-Grundakkorde des Blues (I, IV, V/ T, S, D) sind in der Bluestonalität auch als **Blue Chords** bzw. als Dur-Akkorde mit kleiner Septime (I7, IV7, V7/ T7, S7, D7) zu betrachten. Diese Akkorde mit Dominant-Charakter müssen aber nicht immer (wie in der Klassik) als echte Dominanten aufgelöst werden.

Interessanterweise ist die Funktionsfolge des ersten und des zweiten Taktes im dritten Satz, und zwar **D → S**, was in der klassischen Harmonie kaum zugelassen wird, eine seiner wichtigsten Merkmale. Selbstverständlich ist, dass auch inhaltlich die Blues-Harmonien unzählige Änderungen erfahren können, was aber die Form und den Charakter des Blues nicht beeinträchtigt. Außerdem sind im Laufe ihrer Entwicklung bis in die Gegenwart selbstverständlich auch die Blues-Harmonien wesentlich voller geworden. Außer den Dur/ Moll-Akkorden, Blue Chords usw. wurde die Harmonie des Blues bis zu ihrem obersten Niveau hochgetrieben. Aber analysieren und betrachten wir den Blues als exzellente Lied-Form vor allem für den kompositorischen Bereich.

Die Blues-Form wurde und wird auch heute in der Jazz-Musik oft verwendet. Ebenso ist diese Form (als auch die Struktur der Blues-Harmoniefolge) auch beim Boogie-Woogie anzutreffen. Die Form des Blues hat einen sehr überzeugenden Charakter. Deswegen kann der Blues in der Liedform Refrain – Middlepart – Refrain auch den Refrain eines Jazzstückes repräsentieren. Hier der erste Satz eines Songs, in Blues-Form geschrieben.

Ⓟ 1982 Karin Unger Musikverlage – Edition Tip-Top – Berlin/Stuttgart „Drei Maodaljazzthemen" Medium Fox (2. Stück) erschienen auf Mediaphon/ZYX CD

Im Laufe der Jahrzehnte hat der Blues sowohl die Komponisten der Jazz- als auch der E-Musik mitgerissen. Kein Wunder, dass diese Form in vielen Songs verwendet wurde.

- Es kann sein, dass für Euch der Blues viel einfacher ist!

- Die Standard-Harmonie ist vorhanden!

- Das Tempo in allen seinen möglichen Varianten ist auch schon längst bekannt!

- Wo ist aber das Thema?

? ✍ ! Nun lasst Euch etwas einfallen!
Komponiert nun auch einen Blues oder Boogie-Woogie!

Hört Euch die Beispiele 105 und 106 auf der CD an!
Das könnte Euch Ideen bringen!

1.2. Das „1, 2, 3 Gesetz" Bernsteins

Wie schon im Kapitel der standardisierten Formen erläutert wurde, erscheint der Refrain nach der Strophe, aber auch vor dem Middlepart eines Stückes. Dieser Teil spielt eine zentrale Rolle und das nicht nur in der populären Musik. Wenn wir an etliche Songs denken, stellen wir fest, dass viele davon dank des Refrains zum Schlagererfolg wurden. In der Jazzmusik ist der Refrain der sogenannte **Chorus** (das Thema im Rahmen seiner Form, Harmonie), der als Grundlage für die Improvisation dient. Eben deswegen, weil der Refrain sowohl für die Jazz- als auch für die Rock- und Popmusik dieselbe Bedeutung hat, muss er ästhetisch alle Qualitäten vereinen, um die Chance zu haben, ein Schlager zu werden. Ein Mittel dafür ist auch das „1, 2, 3 Gesetz", eine Schlussfolgerung des hochkarätigen Künstlers Leonard Bernstein. Eine kurze Erklärung:

In der Mikrostruktur (Motivbereich), im Falle des Satzes **AB1** kann das erste Motiv sogar dreimal wiederholt werden und nur das vierte darf einen neuen Inhalt haben also **a, a, a, b**. In der Makrostruktur (Formbereich), ist dieses Verfahren weniger zu empfehlen. Eben wegen der Länge des Satzes, und zwar der vier Motive (Takte), ist es nicht ratsam, diesen Satz dreimal zu wiederholen, oder zu sequenzieren, usw. Wenn nur der vierte viertaktige Satz mit einer neuen inhaltlichen Struktur den 16taktigen Refrain abschließt, wird dieser Refrain dadurch ästhetisch zu wenig bereichert. Deswegen ist das „1, 2, 3 Gesetz" für das Komponieren eines gut gelungenen Refrains am geeignetsten. Nach diesem Gesetz wird:

1. **der Vordersatz** vorgestellt,
2. **der Nachsatz** wiederholt, sequenziert usw.
3. **eine ganz neue Periode** (8 Motive), die das Ganze vervollständigt, angeschlossen.

Im Gegensatz zu dem vorhandenen Material der Sätze 1. und 2. (Vorder- und Nachsatz), muss der ganze rhythmisch-melodische Inhalt der zweiten Periode <u>neu</u> sein.

Graphisch dargestellt:

Schema 18

/_____ /_____ /
Vordersatz vorgestellt   Nachsatz wiederholt, sequenziert,

/_____ /_____ /
eine neue Periode

Dieses Ergebnis (als kompositorischer Begriff), besteht aus dem logischen Aneinanderreihen zweier Perioden bzw. 2 X 8 = 16 Motive (Takte), was auf eine raffinierte, künstlerische Art die Wiederholung des ganzen Materials erforderlich macht. Zum Beispiel:

© by MUSIKVERLAG HANS SIKORSKI, Hamburg, Kindermusical Kik der Volltreffer – Klavieralbum
aus: „Die Schule ist das Tor zur Welt" erschienen auf CD 1996 Musikverlag Tonger, Köln

Durch die Verwendung des „1, 2, 3 Gesetzes" im Kompositionsbereich können nicht nur wertvolle Ideen „gerettet" werden, sondern auf diese Weise werden auch die ästhetischen Eigenschaften der ursprünglichen Idee bereichert.

Das „1,2,3 Gesetz" wird, wie gesagt, für wertvolle Refrains verwendet, die die Quintessenz des Titels beinhalten.

- Jetzt handelt es sich aber schon um ein außergewöhnliches Thema!

- Diesmal müsst Ihr einen ganzen Refrain komponieren! Das fordert dieses „Gesetz"!

? ✍ ! Also lasst Euch diesbezüglich etwas einfallen! Komponiert Refrains auf der Basis dieses „Gesetzes"!

Wichtig: Damit sich die Qualität eines Titels steigert, ist zu beachten, dass die **höchste Note** der melodischen Linie **ein einziges Mal** erscheint. Wenn sich diese Note in der Nähe oder nebeneinander wiederholt, ist das in Ordnung. Es ist wünschenswert, dass diese Note im Refrain verwendet wird, und wenn möglich etwa nach der Mitte des Refrainthemas. Wie oft die **tiefste Note** der melodischen Linie erscheint, ist **weniger wichtig**.

Das CD-Beispiel 107 kann hilfreich sein!

2. Die Bestandteile der musikalischen Form

Außerhalb der strengen Bedeutung der musikalischen Form wie Lied, Thema con Variationi, Sonate usw. hat der Begriff auch noch einen viel umfassenderen Sinn. Damit ist die Gesamtheit der in der Tonkunst verwendeten Ausdrucksmittel gemeint wie **Melodie**, **Rhythmus**, **Harmonie**, **Tempo** und **Dynamik**, einschließlich der **Kompositionsstruktur**, also eine erste, fundamentale Bedeutung des Begriffes „Form".
Mit Hilfe dieser Ausdrucksmittel baut das Empfinden des Zuhörers aus nacheinanderfolgenden Noten statische, räumliche Einheiten und vergleicht sie miteinander. Durch diesen Prozess, der sich von selbst entfaltet, verwirklicht sich die Form vollständig, und gleichzeitig unterscheiden sich ihre Bestandteile.

Schon seit dem Altertum und bis heute gibt es Auseinandersetzungen zwischen den Musiktheoretikern in Bezug auf den Vorrang des Rhythmus oder der Melodie. Diese Auseinandersetzung wird es geben, solange die zwei Kennzeichen des Motivs in seiner Mikrostruktur und die Bestandteile der musikalischen Form in ihrer Makrostruktur getrennt aufgefasst werden. Die Melodie kann ohne Rhythmus nicht leben, der Rhythmus hingegen existiert und lebt aber auch unabhängig von der Melodie. *„Zunächst haben wir als elementare Faktoren die elementare Wirkung des Rhythmus und die elementare Wirkung der Melodie zu unterscheiden."*[36] Trotzdem flechten sich diese beiden Bestandteile der musikalischen Form in einer ständigen Abhängigkeit ineinander. Wie oben erklärt wurde, müssen diese beiden Bestandteile der musikalischen Form als einheitliches „Ganzes" betrachtet werden. Das Wichtigste bei jedem Bestandteil der musikalischen Form.

a. Der R h y t h m u s als Bestandteil der musikalischen Form spielt eine wesentliche Rolle für die Verwirklichung der Bewegungseinheit und kann den musikalischen Ausdruck größtenteils beeinflussen. Der Rhythmus ist eine Beziehung der aufeinanderfolgenden Notenwerte (Tondauer), welche durch ihre Organisierung verschiedene Strukturen aufbauen können. Ohne Rhythmus ist die Existenz der Musik und anderer Künste, welche von der Musik abhängig sind, nicht denkbar. *„Rhythmus (...) ist in Tanz, Musik, Versdichtung wirksam als eigenständig, zeitliches im jeweiligen Gesamtphänomen integriertes Ordnungs- und Gestaltungsprinzip. Im Begriff der Ordnung ist dabei das Moment der Regelmäßigkeit (...), im Begriff der Gestaltung das Moment der Spontaneität enthalten..."*[37] Allerdings bedeutet der Rhythmus nur eine relative Ordnung der Zeit! Die absoluten Werte, gemessen an der physikalischen Zeit, ergeben sich erst aus dem Tempo.

b. Die M e l o d i e als Bestandteil der musikalischen Form spielt eine besondere Rolle, unabhängig von ihrer Darbietungsform, ob homophon, polyphon usw., und unabhängig von der Art ihres Vortrages, instrumental oder vokal. Die Melodie ist eine Beziehung der aufeinanderfolgenden Klanghöhen, welche durch ihre Gestaltung eine bestimmte Stimmung ausdrücken und kennzeichnende Bilder wiedergeben. Die unterschiedlichen Merkmale von Melodien ergeben sich aus den Abständen der Töne und deren funktionalen Beziehungen zueinander.
„Das Elementare in der Melodie ist aber das, was sie ohne die rhythmische

Ordnung und ohne die harmonische Beziehung der Töne nicht ist, d. h. die nackte Veränderung der Tonhöhe."[38]

c. Die H a r m o n i e als Bestandteil der musikalischen Form spielt eine besondere Rolle, weil sie einen direkten Einfluss auf die Festsetzung der Form selbst hat. Die Harmonie demonstriert ihre Anwesenheit sogar im Prozess des Entwerfens der musikalischen Idee und der Sätze, welche die Form bilden, indem sie diese durch Kadenzen abschließt.

„...die Harmonie, in ein Nacheinander ihrer Elemente zerlegt, ist musikalische Melodie. So führt die Harmonie direkt über zur Musik als Kunst, aber doch nur, indem sie das rohe Material des elementaren Faktors der Melodik für die Kunst verwendbar gestaltet und sozusagen behauene Steine aus der formlosen Masse bildet."[39]

Bei Kompositionen, welche eine Modulation als Überleitung zum Middlepart hin benötigen, ist die harmonische Komponente noch bedeutungsvoller, umso mehr, wenn anschließend die Rückkehr zur ursprünglichen Tonart nötig ist, damit der Refrain wieder folgen kann. Offensichtlich ist der tonale Plan wesentlich, sowohl für die Bezeichnung der Bestandteile als auch für die Korrelation (Wechselbeziehung) zwischen diesen Bestandteilen.

d. Das T e m p o als Bestandteil der musikalischen Form spielt eine wichtige Rolle zur Bestimmung der zeitlichen Entfaltung des Musikwerkes. Normalerweise wird das Tempo vom Komponisten am Anfang oder auch im Laufe des Werkes durch kennzeichnende Begriffe angegeben. Oftmals existieren auch metronomische Angaben. Wichtig ist aber, was der Interpret damit machen kann.

„Tempo (ital. Zeit) ist die absolute Dauer der Notenwerte"[40] aber ein *„richtiges Tempo liegt nicht in der zahlenmäßig bestimmbaren Geschwindigkeit, sondern darin, dass das gewählte Tempo zu einer sinnvollen Interpretation des Werkes beiträgt."*[41]

e. Die D y n a m i k als Bestandteil der musikalischen Form hat deshalb ihre Bedeutung, weil dynamische Änderungen den Themenwechsel oder den Wechsel der Bestandteile innerhalb der Liedform begleiten können und den Kontrast zwischen diesen unterstreicht (z.B den Übergang von Strophe zum Refrain oder vom Refrain zum Middlepart.)

„Die Notwendigkeit der Hervorrufung bestimmter Assoziationen durch rein musikalische Mittel bestreiten wir also durchaus, wenn wir auch der Musik die Fähigkeit zuerkennen, nicht nur bestimmte Stimmungen zu erwecken, sondern sogar Gefühlsvorgänge durch die Nachahmung der Dynamik der Affekte zu schildern,..."[42]

Die Bestandteile der musikalischen Form, also die obenerwähnten Ausdrucksmittel, können nicht voneinander getrennt werden. Zwischen ihnen existiert eine organische Korrelation, eine wechselseitig abhängige Beziehung, ohne welche die Entstehung und das Dasein der Komposition, die Musik selbst, nicht möglich wäre.

Der Zuhörer, der die melodischen Linien untereinander vergleicht, versteht die Form und identifiziert sich dadurch mit dem seelischen Zustand des Komponisten.

Und jetzt einmal zusammengefasst, was die musikalische Form bildet:

- der **Rhythmus** bzw. die rhythmische Formel, die sich *einfach* oder *komplex* im Metrum entfaltet,

- die **Melodie** bzw. die melodische Linie, die sich im Takt *auf-* oder *abwärts* bewegt,

- die **Harmonie** bzw. der harmonische Rahmen, die sich *hoch* und *tief* in der Tonleiter entwickeln,

- das **Tempo** bzw. die zeitliche Entwicklung, die *schneller* oder *langsamer* das Verhältnis der melodischen Linien im Zeitraum bestimmen,

- die **Dynamik** bzw. die verschiedenen Schattierungen, die durch Tonstärkestufen *laut* oder *leise* sein können.

3. Die Verwirklichung der Klavierstimmen

Nun sind wir soweit! Die gesamten Kenntnisse, die hier in den drei Teilen des vorliegenden Fachbuches erläutert wurden, versetzen uns als zukünftigen neuen Komponisten der Jazz-, Rock- und Popmusik in die Lage, einen qualitätvollen Titel zu schreiben. Und das um so besser, wenn „die Muse" in der Nähe und unsere Vorstellungskraft präsent ist. Unabhängig davon, ob an einen Song oder an ein rein instrumentales Stück gedacht wird, wäre es wohl nicht zufriedenstellend, die Endform des Stückes lediglich als einfache melodische Linie mit oder ohne Bezifferung für die Harmonie zu notieren. Was ist zu tun? Von Fall zu Fall muss eine überzeugende, vollendete Form einer Klavierstimme, eventuell mit getrenntem System für die Melodie (Singstimme), geschrieben werden. Darüber hinaus müssen die Harmonien und alle anderen technischen Details, die den Charakter und Stil eines Stückes ausmachen, in der Klavierstimme enthalten sein.

Die Klavierstimme muss als „Ganzes" vorliegen und grundsätzlich einen Orchesterauszug im Voraus darstellen. *„Der Komponist hat im Allgemeinen volle Freiheit, die Stimmenzahl zu vermehren oder zu vermindern, natürlich innerhalb der Grenzen der Möglichkeit des gewählten Apparates der Ausführung."*[42]

Es sind zwei Fassungen von Klavierstimmen möglich, und zwar:

a. Die **Verlagsklavierstimme**

     und

b. Die **Begleitungsklavierstimme**

a. In der **Verlagsklavierstimme** muss auch die melodische Linie des Titels enthalten sein. Üblicherweise übernehmen der vierte und fünfte Finger der rechten Hand den Diskant bzw. die Melodie des Stückes. Die anderen drei Finger der rechten Hand antworten mit Gegenmelodien oder ergänzen rhythmisch und harmonisch die Begleitung der linken Hand. Das mühelose Spielen einer solchen Klavierstimme ist durch die Art, in welcher die Harmonien (Akkorde) der rechten Hand geschrieben sind, gesichert. Das heißt, dass die ergänzenden Harmonien, welche die rechte Hand zu spielen hat, nicht den Umfang einer Oktave unter der Melodie überschreiten dürfen. Die Ausdehnung der linken Hand darf grundsätzlich die Dezime nicht überschreiten. Die tiefsten Noten für die linke Hand entsprechen den im Orchester vom Kontrabass gespielten Tönen. Die nächsthöheren Noten des Klavierbasses entsprechen den Tönen, die z.B. auf der Gitarre und auf tiefer klingenden Blasinstrumenten gespielt werden können. Im wahrsten Sinne des Wortes bedeutet dies die Fassung einer solchen Klavierstimme. Mehr noch! Sie sollte unbedingt als Orchesterauszug betrachtet werden: Sie kann die melodischen Linien verschiedener Instrumente einer Big-Band oder eines Unterhaltungsorchesters verdeutlichen.

Als erläuterndes Beispiel hierzu ein kurzer Ausschnitt aus dem Kindermusical **Kik, der Volltreffer**, der unter den gerade genannten Aspekten betrachtet werden sollte.

„Professor Traum" (Ausschnitt)
Aus dem Kindermusical KIK, DER VOLLTREFFER

Musik: **Cesar Marinovici**
Text: **Renate Stautner**

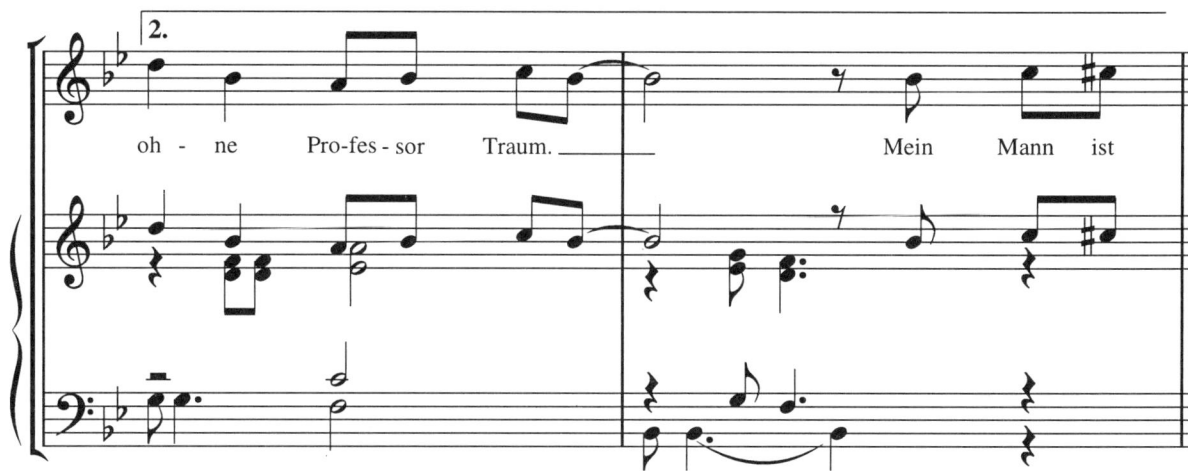

© 1999 by MUSIKVERLAG HANS SIKORSKI, Hamburg
Klavieralbum erschienen auf CD 1996 Musikverlag Tonger, Köln

b. Bei der **Begleitungsklavierstimme** muss die melodische Linie der Komposition nicht unbedingt enthalten sein. Gelegentlich sind Abschnitte der Melodie trotzdem zu finden. Auch in diesem Fall muss die Dehnbarkeit beider Hände berücksichtigt werden. Die Klavierstimme, welche die melodische Linie des Stückes nicht enthält, kann umso besser Nachahmungen und Verdoppelungen der melodischen Linie verschiedener Instrumente übernehmen. Oft kann diese Klavierfassung die Big-Band- oder das Salonnorchester z. B. noch deutlicher darstellen. Die Begleitungsklavierstimme kann sehr gut den kurzgefassten Auszug eines Arrangements repräsentieren. Allerdings ist das Anfertigen einer solchen Klavierstimme häufig schwerer als alles andere. Die gelungene und vollendete Form einer Klavierstimme basiert aber in jedem Falle auf einer guten Harmonisierung des Titels.

Eine lustige Geschichte

Aus dem Klavierheft **Portrait in Musik** (Bearb. f. Klarinette u. Klavier)

℗1982 Karin Unger Musikverlage – Ed. Tip-Top – Berlin/Stuttgart
„Eine lustige Geschichte" erschienen auf Mediaphon/ZYX CD

Die **Intro** und die **Coda** eines Stückes, die grundsätzlich kurz bearbeitet und dem Stückstil getreu sein müssen, stellen A n f a n g und E n d e des ganzen Konzeptes dar. Sie sind, wie es Riemann ausdrückt, *„Prolog und Epilog"* der neuen Komposition. Mit Intro und Coda besitzt die Komposition Gleichgewicht und wirkt ästhetisch vollkommen. Die Intro des Titels, die normalerweise instrumental präsentiert wird, bereitet seine Atmosphäre vor. *„Gelingt es dem Komponisten, eine Einleitung zu schreiben, in der das Hauptthema wohl keimt aber noch nicht wirklich ersichtlich dasteht, so wird gewiss die Einleitung ihren Zweck am besten erfüllen."*[43]

Die Coda kann eine Komposition sowohl instrumental als auch zusammen mit der gesungenen Melodie interessant abrunden. *„Ein richtiger Epilog ist eben ein Rückblick auf das Vorausgehende. Daher ist für die Coda thematische Arbeit mit Motiven des Hauptsatzes geboten, aber ohne die (...) suchende Unbestimmtheit der Einleitung."*[44]
Dennoch: Manchen Songs und instrumentalen Kompositionen der Jazz-, Rock- und Popmusik fehlt nicht selten die Intro oder die Coda, oder gar beides.

- Habt Ihr schon vollendete Kompositionen oder nur melodische Linien?

- Auch wenn diese nicht vollendet sind, versucht, einen **Refrain** oder **Strophe** vorzubereiten, egal wie einfach sie klingen werden! Wichtig ist, es zu versuchen!

- Wenn die Klavierstimme fertig ist, spielt sie! Hört Euch genau an, wie es klingt!

- Lasst die Harmonieeinfälle fließen!

- Beachtet die Kadenzen! Jetzt sind sie vorhanden, in der Tat!

 Hört Euch die CD-Beispiele 108 und 109 an und schließlich die Beispiele 110 - 112! Seht Euch gleichzeitig auch die Noten an!

Nachfolgend stellen wir drei komplette Titel vor. Als Form dieser Titel wurde sowohl die europäische als auch die amerikanische Form verwendet.

Charly Kik
Aus dem Kindermusical **KIK, DER VOLLTREFFER**

Musik: **Cesar Marinovici**
Text: **Renate Stautner**

* Man spürt, heut wird ein Märchen wahr. Erzähl – was wird heut wahr...?

© by MUSIKVERLAG HANS SIKORSKI, Hamburg, Klavieralbum erschienen auf CD 1996
Musikverlag Tonger, Köln

MUSICAL: KIK – DER VOLLTREFFER

Musik: **Cesar Marinovici**
Text: **Renate Stautner**

Lied 1: **CHARLY KIK**

Strophe
Max:
Ein steiler Zahn das ist er,
kurvt cool in die Welt,
düst frech und flott durch's Leben,
weil's ihm gut gefällt.
Freie Fahrt für Träumer –
über alles freuen,
Kinder sollen so sein.

Am liebsten spielt er Fußball,
darin ist er fit,
er powert seine Mannschaft,
und reißt alle mit.
Scharf und hitverdächtig,
das klappt super - prächtig,
trifft voll in's Tor hinein –
wie er woll'n alle sein:

Refrain
Max und die Mädchen:
Charly Kik, Charly Kik,
zielt ganz genau.
Charly Kik, Charly Kik,
ist eine Schau.
Lernst du den Weg im Leben zu verstehn,
eroberst du die Welt im Handumdrehn,
du wirst sehn.

Charly Kik, Charly Kik,
schlau wie ein Fuchs.
Charly Kik, Charly Kik,
flink wie ein Luchs.
Und bärenstark kämpfst du um dein Revier,
du bist der Champion – alle mit dir!
So sind wir.

Strophe
Max:
Wenn Abenteuer warten,
stürmt er auf sie zu,
und fängt sich tausend Träume,
sagt zu jedem du.
Mut und gute Laune,
locker geht's vom Hocker,
Sieger wird er schnell sein.

Wer ihn um etwas bittet,
stellt er sich nicht stur,
die Freude und das Lächeln,
liegt in der Natur.
Einer ist für Alle,
Alle sind für Einen –
ein Ziel das sich stets lohnt,
du wirst vom Glück belohnt:

Refrain
Max und die Mädchen: Charly Kik, Charly Kik,
zielt ganz genau.
Charly Kik. Charly Kik,
ist eine Schau.
Lernst du den Weg im Leben zu verstehn,
eroberst du die Welt im Handumdrehn,
du wirst sehn.

Charly Kik, Charly Kik,
schlau wie ein Fuchs.
Charly Kik, Charly Kik,
flink wie ein Luchs.
Und bärenstark kämpfst du um dein Revier,
du bist der Champion – alle mit dir!
Du bist der Champion – alle mit dir!
Du bist der Champion – so sind wir!

(gesprochener Text)
Max: Man spürt, heut wird ein Märchen wahr.
Erzähl – was wird heut wahr...?

(gesungen)
Alle zusammen: A STAR IS BORN!

© by MUSIKVERLAG HANS SIKORSKI, Hamburg

Fasching

Aus dem Kindermusical **KIK, DER VOLLTREFFER**

Musik: **Cesar Marinovici**
Text: **Renate Stautner**

© by MUSIKVERLAG HANS SIKORSKI, Hamburg, Klavieralbum erschienen auf CD 1996 Musikverlag Tonger, Köln

MUSICAL: KIK – DER VOLLTREFFER

Musik: **Cesar Marinovici**
Text: **Renate Stautner**

Lied 14: **FASCHING**

Refrain

Die Lehrerin
und die Kinder: Hallo, kommt her, der Fasching fängt an,
ja so macht Schule uns Spaß,
es steigt ein Fest, das finden wir toll,
und wir feiern first class.

Hallo, kommt her, der Fasching beginnt,
die Narren lassen wir rein.
Wenn wir beschwingt im Kreise uns drehn,
soll's so, wie heut für immer sein.

Middlepart

Die Lehrerin: Wie Madonna und Take That,
die Mädchen, die Buben –
wir wollen heut mal crazy sein.

Aufgestylt mit Glizerspray,
wir sind Star-Ship-Riders,
ganz toll ist dieses Erdenfest,
tanzen mit euch den Weltraumpop.

Beckenbauer ist dabei,
der Klinsmann, der Berti,
sag who is who beim Maskenball.
Bunt mit Luftschlangen wir wickeln die Kinder ein,
lachen nur und finden das fein.

Refrain

Die Lehrerin
und die Kinder: Beschwingt, verrückt, der Fasching ist toll.
Juhuuu ein jeder macht mit.
Hallo, kommt her, der Fasching ist schön,
heut da lacht uns das Glück.

Halli, Hallo, der Fasching ist da,
oh ja, die Stimmung ist groß.
Mit dir, und dir, da tanz ich im Kreis, bei uns,
da ist der Teufel los.

Middlepart

Die Lehrerin: Wie Madonna und Take That,
die Mädchen, die Buben –
wir wollen heut mal crazy sein.

Aufgestylt mit Glizerspray,
wir sind Star-Ship-Riders,
ganz toll ist dieses Erdenfest,
tanzen mit euch den Weltraumpop.

Beckenbauer ist dabei,
der Klinsmann, der Berti,
sag who is who beim Maskenball.
Bunt mit Luftschlangen wir wickeln die Kinder ein,
lachen nur und finden das fein.

Refrain

Die Lehrerin
und die Kinder: Halli, Hallo, der Fasching beginnt,
Juhuuu, wir sind vogelfrei.
Es steigt, ein Fest, das finden wir toll,
jeder ist mit dabei.

Hallo, macht mit, der Fasching ist da,
ein Hoch der närrischen Zeit.
Der Alltag ist wie Lichtjahre weit.
Die Masken sind flippig und bunt wie ein Traum.

Halli, Hallo, der Fasching beginnt,....

© by MUSIKVERLAG HANS SIKORSKI, Hamburg

Modaljazzthemen
MEDIUM – FOX

Cesar Marinovici

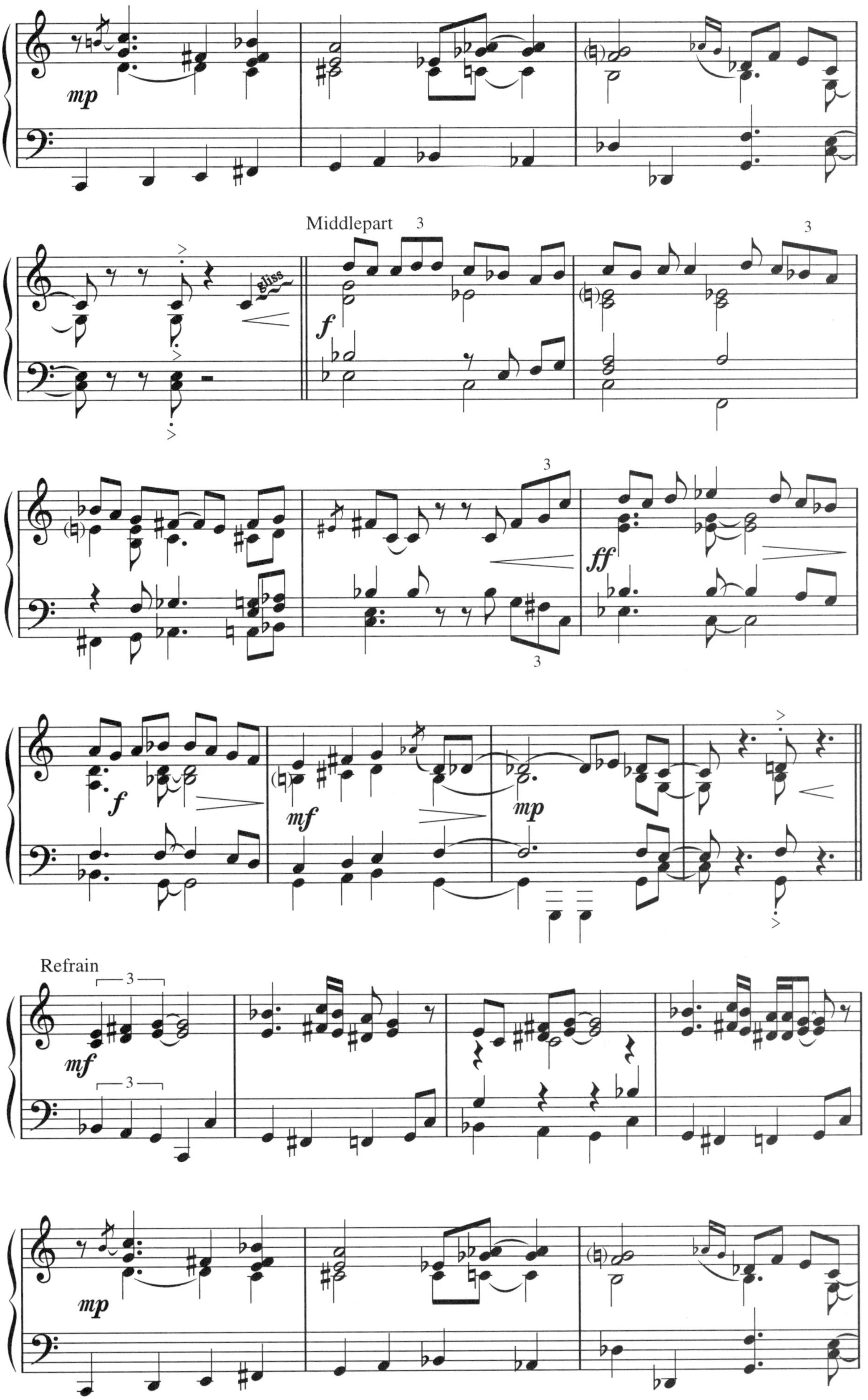

(P) 1982 Karin Unger Musikverlage – Edition Tip-Top – Berlin/Stuttgart, „Drei Modaljazzthemen"
Medium Fox (1. Stück) erschienen auf Mediaphon/ZYX CD
Piano: Laura Marinovici

...und nach dem letzten Kapitel

Meine Überzeugung ist, dass Sie nach dem aufmerksamen Studium dieses Buches und anhand der darin vermittelten Erkenntnisse Ihre bisherigen Kompositionen in einem ganz anderen Licht betrachten werden und Ihr zukünftiges Schaffen qualitativ weitgehend verbessert und angereichert werden wird. Versuchen Sie, sich selbst gegenüber ein sehr strenger Kritiker zu sein. Kompositionen Ihres Repertoires, die früher für Sie „Werke" waren, aber jetzt eine gewisse Unzufriedenheit entstehen lassen, müssen Sie vergessen. Schreiben Sie wieder! Schreiben Sie neue Titel! Sie werden die neu entstandenen Kompositionen mit anderen Augen sehen. Versuchen Sie, immer die innere Substanz Ihrer Songs oder instrumentalen Stücke zu verfeinern. Bleiben Sie nur <u>den</u> Kompositionen treu, die auch nach dem Lesen und Studieren dieses Buches „die Prüfung" Ihrer nun kritischen Forderungen und Ansprüche bestehen.

Wenn Sie streng genug sind und Ihre neuen Kompositionen so qualitätvoll sind, wie es Ihre Überzeugung diktiert, dann freue ich mich für Sie.

„Es lassen sich Hunderte von Themen finden, die die gleiche Form oder Variationen dieser Form aufweisen. Doch nur ein oder zwei werden eben schön sein. (...) Wir imitieren wahllos wissenschaftliche Methoden, um magische Phänomene, Mittel, Tatsachen, Kräfte, Masse und Energie zu erklären. Doch die menschlichen Reaktionen auf diese Phänomene lassen sich nun einmal nicht erklären. (...) Nur Künstler können Magie begreiflich machen. Nur in der Kunst findet die Natur ihren Ausdruck. Und ebenso lässt sich Kunst nur durch Kunst ausdrücken. Deshalb gibt es nur einen Weg, wirklich etwas über Musik zu sagen, nämlich Musik zu schreiben."[45]

Sachregister *)

Abtakt – nennt man die erste betonte Zählzeit eines Taktes:

2/4 ♩ ♩ , 3/8 ♪ ♪ ♪ , 3/4 ♩ ♩ ♩ usw.

Der Abtakt kann auch durch eine Pause dargestellt werden:

4/8 𝄾 ♪ ♪ ♪

Akkord – ist der Zusammenklang von mindestens drei Tönen. Die traditionelle Bildung der Akkorde im senkrechten Terzaufbau, sogar mit Septime, None usw. genügt heute nicht mehr. Die zeitgenössische Musik erweitert immer mehr den Akkordbegriff durch Zusatztöne, durch Erhöhung oder Erniedrigung der Grundtöne, Quartakkorde, Cluster u.a.

Akzent – bedeutet Betonung. Innerhalb der Takte bekommen die ersten Zählzeiten

eine natürliche Betonung 2/4 ♩ ♩ , 3/4 ♩ ♩ ♩

Diese Akzente erfordern jedoch keine besonderen Bezeichnungen, weil sie selbstverständlich sind.

amerikanische Form – III., 1., b. S. 81

Anschlussmotiv – I., 6. S. 46

asymmetrische Sätze – I., 5. S. 43

Auftakt – ist die Note oder sind die zusammenhängenden Noten vor dem Taktstrich bzw. vor der betonten Zählzeit

3/4 ♩ | ♩ ♩ , 4/4 ♪ ♪ ♪ | ♩ ♩ usw.

authentische Kadenz – II., 1., a. S. 50

---

*) Fett geschrieben = Fachwort
Römische Zahl (wie z.B. I. oder II.) = Teil des Buches
Arabische Zahl (wie z.B. 1.2. oder 4.) = Kapitel des Teils
Kleiner Buchstabe (wie z.B. a., c. oder e.) = Abschnitt des Kapitels
Buchstabe „S." = Seite (wie z.B. S. 12 oder S. 65)

Bartóksches Achsensystem –	II., 5. S. 71
Begleitungs-klavierstimme –	III., 3., b. S. 93
Bernstein-Gesetz –	III., 1.2. S. 86
bitonal –	ist die Bezeichnung eines Akkordes, der aus zwei übereinandergestellten Akkorden zweier verschiedener Tonarten zusammengesetzt ist. Bitonale Akkorde entstehen durch das Aufspalten einer Tonart in zwei selbstständige Funktionsabläufe.
Blue Note –	III., 1.1., a. S. 83
Blues –	III., 1.1. S. 83
Blue Chords –	III., 1.1., c. S. 84
Boogie-Woogie –	war in der zwanziger Jahren der charakteristische Jazz - Klavierstil mit ostinaten Bassfiguren auf Basis des Blues-Schemas. Später wurde es von Big-Bands wie Glenn Miller, Count Basie u.a. übernommen.
Chromatisierung –	ist der Vorgang, wodurch die 7 Grundtöne einer Tonleiter (oder nur einige davon) durch Versetzungszeichen erhöht oder erniedrigt werden, so dass nur Halbtonschritte entstehen. Durch Chromatisierung kann auch die Art der Akkorde verändert werden.
Coda –	ist ein Bestandteil einer Komposition, der diese endgültig, instrumental oder auch gesungen, beendet.
Dauer –	ist die zeitliche Länge eines Notenwertes, einer Pause, eines Motivs usw. Die Dauer ist eine der grundsätzlichen Klangeigenschaften.
direkte Modulation –	II., 3., b. S. 64
Dominantakkord –	ist der Hauptakkord auf der V. Stufe einer Tonleiter, der aus einem Dur-Dreiklang besteht. Grundsätzlich enthält er auch die Septime (Dominantseptakkord), die immer klein ist. Vor allem in der Jazz- aber auch in der Rock- und Popmusik kann der Dominantakkord oft auch None, Undezime, Terzdezime oder nur einige davon beinhalten.
Dynamik –	I., 1.1., e. S. 17, III., 2., e. S. 89

Einschaltung –	kompositorisches Verfahren, womit Perioden erweitert werden.
Elision –	kompositorisches Verfahren, womit Perioden verkürzt werden.
europäische Form –	III., 1., a. S. 80
erweiterte Kadenz –	II., 1., d. S. 52
Erweiterung –	I., 1.2., g. S. 20
Form –	dieses Wort hat in der Musik einen sehr breiten Sinn. Die ursprüngliche Entstehung der Form ist die Motivgruppe (2 Motive). Durch die weitere Entwicklung der Motivgruppe bzw. Satz (4 Motive) → Periode (8 Motive) ist die wichtigste Form der Jazz-, Rock- und Popmusik-Bereichs verwirklicht worden. 16 Motive – bzw. eine Periode mit der ersten und zweiten Wiederholung – vollenden den Satz eines Titels als Form.
Formlänge –	III., 1.1., b. S. 84
Gattung –	Gesamtheit von Begriffen in einem Kunstbereich, die in wesentlichen Merkmalen übereinstimmen.
Genre –	Gattung
geschlossener Charakter –	I., 1. S. 9
Grundnoten –	sind die drei Noten eines Dreiklanges, der aus zwei übereinandergefügten Terzen besteht. Die tiefste Note, auf welcher dieser Dreiklang aufgebaut wurde, ist der Grundton.
Halbschluss –	II., 1., f. S. 53
Halbkadenz –	Halbschluss S. 53
Harmonieträger –	ist die Zählzeit eines Taktes, die den harmonischen Inhalt und das Gewicht dieses Taktes trägt. Die erste Zählzeit des Taktes übernimmt grundsätzlich diese Rolle.
Harmonie –	I., 1.1., d. S. und III., 2., c. S. 89
harmonische Folge –	III., 1.1., c. S. 58

harmonische Moll-Tonleiter –	harmonische Moll-Tonleiter – eine der wichtigsten Varianten der Moll-Tonleiter. Durch die Erhöhung der 7. Note der reinen Moll-Tonleiter entsteht der Leitton. Dieser Leitton ist maßgebend für die Entwicklung der Harmonie in Moll.
Hauptakzent –	ist der Akzent auf der ersten Zählzeit eines Taktes.
Hit –	ist vor allem das gesungene Lied, das sehr oft in einer kurzen Zeit eine lokale oder internationale Popularität gewonnen hat.
homonyme Modulation –	II., 3., d. S. 66
Intro –	diese grundsätzlich instrumentale Vorbereitung der Atmosphäre eines Titels kann auch mit verschiedenen anderen Begriffen wie z.B. Vorspiel, Intrada, Einleitung bezeichnet werden. Der Sinn eines Teils wird erfüllt, wenn die ersten Takte des Titels bis zum Einsatz des Gesanges oder des Solo-Instruments von den Begleitinstrumenten oder dem Orchester übernommen werden.
„Jazzkadenz" –	II., 3., a. S. 62
Jambus –	ist in der Literatur der Versfuß, der aus einer unbetonten und einer betonten Silbe besteht. Das Prinzip des Jambus gilt auch für andere Künste.
Kadenz –	ist die Verbindung verschiedener Funktionen untereinander, die Spannung und Entspannung entstehen lassen. Die Akkorde der Hauptfunktionen (T, S, D) und die Akkorde der Parallelfunktionen (Tp, Sp, Dp) sind ständig in einem funktionalen Verhältnis.
Klavierstimme –	ist die ursprüngliche Art (manchmal Endfassung), in welcher eine fertige Komposition präsentiert werden kann.
Kompositionsvorgang –	ist der schöpferische Arbeitsprozess des Komponisten, beginnend mit dem ersten Einfall, mit der ersten Idee bis zur Vollendung der Komposition.
leichtes Motiv –	nach dem Jambusprinzip – leicht, schwer – ist das leichte Motiv das unbetonte. Das leichte Motiv hat einen Auftaktcharakter.
Leitton –	ist die siebente Note einer Tonleiter. Bei diesem Ton empfinden wir die Notwendigkeit einer Weiterführung zur 8. Stufe, dem oktavierten Grund- oder Ausgangston. Die 7. Stufe leitet zur 8. Stufe weiter, fordert die Auflösung.

männliche Endung –	I., 1.1., a. S. 13
Melodie –	I., 1.1., b. S. 14 und III., 2., b. S. 88
melodische Moll-Tonleiter –	melodische Moll-Tonleiter – ist auch eine Variante der Moll-Tonleiter. Im Vergleich zu der harmonischen Moll-Tonleiter wird im Falle der melodischen Moll-Tonleiter auch die 6. Note erhöht. Die Spannung, die durch die zwei erhöhten Noten (6., 7.) entsteht, fehlt, wenn diese Tonleiter abwärts gespielt wird, weil meist die Versetzungszeichen der 6. und 7. Note aufgelöst werden.
Metrum –	I., 1.1., c. S. 15
Middlepart –	ist der zweite Teil einer zweiteiligen Liedform. In diesem Fall ist der Refrain der erste Teil des Liedes. Grundsätzlich erhält dieser Teil eine andere Tonart als der Refrain.
Miniaturformen –	sind alle kleine Formen – sowohl für die instrumentale als auch für die vokale Musik –, die grundsätzlich einteilig, zweiteilig oder dreiteilig sind.
mixolydischer Akkord –	II., 4. S. 68
Modulation –	II., 3. S. 62
Motiv –	I., 1. S. 8
Motivgruppe –	I., 2. S. 21
Motivgruppentyp –	I., 2.1. S. 22
Motivteilung –	I., 1.2., h. S. 20
Musikart –	Musikstilrichtung.
Musiksparte –	Musikbereich.
Nachsatz –	ist grundsätzlich ein viertaktiger Satz, der als zweiter Bestandteil eine Periode abschließt.
Nachtakt –	ist der dritte Bestandteil des Motivs, der sich nach dem Abtakt befindet und zusammen mit dem Auftakt und Abtakt ein vollendetes Motiv bildet.
neapolitanische Sexte –	ist die kleine Obersexte der IV. Stufe in moll. Diese Obersexte wird auf dem Grundton der IV. Stufe aufgebaut.

Anders erklärt kann man das auch als II. Stufe betrachtet, deren Grundnote erniedrigt wurde und welche in der ersten Umkehrung verwendet wird. Danach folgt vor der I. Stufe die V. Stufe mit Septime.

offener Charakter –	I., 1. S. 8
parallele Modulation –	II., 3., c. S. 64
Periode –	I., 4. S. 33
Periodentyp –	I., 4.1., S. 36
plagale Kadenz –	II., 1., b. S. 51
polytonal –	ist die Bezeichnung eines Akkordes, der aus mehreren Tonarten zusammengesetzt wird. Polytonale Akkorde entstehen durch das Aufspalten einer Tonart in mehrere selbständige Funktionsabläufe.
Quintenzirkel –	heißt der Kreis der 12 Tonarten, die sich in einem natürlichen Quintabstand befinden. Im temperierten System stimmen die Tonarten Fis- und Ges-Dur überein. Dasselbe Prinzip gilt sowohl für die Dur- als auch für die Moll-Tonarten.
Quintenspirale –	heißt die Spirale der Tonarten, die sich in einem reinen Quintenabstand befindet. Im untemperierten System, stimmen die Tonarten Fis- und Ges-Dur nicht überein. Dasselbe Prinzip gilt sowohl für die Dur- als auch für die Moll-Tonarten.
rhythmische Formel –	kurze Zusammenfassung unterschiedlicher Tondauer (grundsätzlich im Laufe eines Taktes, seltener im Laufe zweier Takte), die rhythmische Gruppierungen typisch verschiedener Tänze wie z.B. Fox, Shuffle, Rock usw. entstehen lassen.
Rhythmus –	I., 1.1., a., S. 12 und III., 2., a. S. 88
Refrain –	ist der Hauptteil eines Liedes (Stückes). Abhängig von der verwendeten Formart des Liedes kann der Refrain sowohl den ersten als auch den zweiten Teil der Liedform darstellen.
Satz –	I., 3. S. 26
Satztyp –	I., 3.1. S. 28

Schlager –	ist grundsätzlich ein gesungenes Stück, das in einer kurzen Zeitspanne sehr bekannt wird. Er findet schnell Zugang zu den Massen. Normalerweise hat er ein kurzes Leben, weil ein nächstes Stück der neue Hit sein wird.
schweres Motiv –	nach dem Jambusprinzip – leicht, schwer – ist das schwere Motiv das betonte. Das schwere Motiv hat einen Abtaktcharakter.
Sequenzierung –	I., 1.2., b. S. 18
Song –	beginnend im 19. Jahrhundert, wurde dieses Wort für die lyrisch-sentimentalen, sogar für die humoristischen Lieder verwendet. Dasselbe Wort wurde oft auch für die Lieder verwendet, die eine soziale oder politische Kritik als Thema beinhalten. Heute wird als Song auch das Lied des Rock- und Popmusik-Bereichs, nicht selten das mit einem aufrüttelnden Inhalt, bezeichnet.
Strophe –	ist ein Bestandteil einer der gängigsten Formen in der Rock- und Popmusik. Die Strophe ist der erste Teil des Songs z.B. jener, der eine Art Vorbereitung darstellt. In dieser Form muss nach der Strophe unbedingt der Refrain als Fortsetzung kommen.
Subdominantakkord –	ist der Hauptakkord auf der IV. Stufe der Dur- oder Moll-Tonleiter. Abhängig von der Grundtonart besteht er aus einem Dur-Dreiklang mit großer Septime oder Moll-Dreiklang mit kleiner Septime. Vor allem in der Jazz-, aber auch in der Rock- und Popmusik, kann die Subdominante auch None, Undezime usw. oder nur einige davon beinhalten.
Synkope –	ist eine rhythmisch-metrische Formel, die durch die Verlegung der Betonung von dem schweren Schlag oder Schlagteil auf den leichten Schlag oder Schlagteil entsteht.

z.B. 2/4 ♪♪♪♪   bzw. 2/4 ♪ ♩ ♪

Takt –	I., 1. S. 10
Tempo –	III., 2., d. S. 89
Thema –	ist stets der musikalische Grundgedanke der Komposition. Das Thema hat eine charakteristische Physiognomie und enthält ein Material mit einer prägenden Substanz. Das Thema bleibt fast immer offen, bereit für eine weitere Bearbeitung.

Trugschluss –	II., 1., e. S. 52
Überraschungstakt –	I., 7. S. 48
Umkehrung –	I., 1.2., d. S. 19
Umspielung –	I., 1.2., c. S. 18
Vergrößerung –	I., 1.2., e. S. 19
Verkleinerung –	I., 1.2., f. S. 19
Verlagsklavierstimme –	III., 3., a. S. 91
Vordersatz –	ist der erste Bestandteil einer Periode, der in der Mehrzahl der Fälle viertaktig ist. Obwohl dieser Satz offen bleibt, klingt er überzeugend.
weibliche Endung –	I., 1.1., a. S. 13
Wiederholung –	I., 1.2., a. S. 18
Zählzeit –	ist die maßgebende Einheit einer Taktart bzw. Achtelnote oder Viertelnote usw. wie z.B. 4/8 oder 3/4 usw.
zusammengesetzte Kadenz –	II., 1., c. S. 51

Zitate

1. Leonard Bernstein: **Freude an der Musik**.
    Fischer Frankfurt am Main, 1976, S. 14.
2. Friedrich Herzfeld: **Ullstein Lexikon der Musik**.
    Ullstein Frankfurt am Main, 1968, S.447.
3. Hugo Riemann: **Musiklexikon**, Bd. III, Sachteil.
    Schott Mainz,1967, S. 591.
4. Friedrich Herzfeld: **Ullstein Lexikon der Musik**.
    Ullstein Frankfurt am Main, 1968, S. 344.
5. Hugo Riemann: **Musiklexikon**, Bd. III, Sachteil.
    Schott Mainz,1967, S. 591.
6. Hugo Riemann: **Musiklexikon**, Bd. III, Sachteil.
    Schott Mainz,1967, S. 591.
7. Hugo Riemann: **Musiklexikon**, Bd. III, Sachteil.
    Schott Mainz,1967, S. 803.
8. Friedrich Herzfeld: **Ullstein Lexikon der Musik**.
    Ullstein Frankfurt am Main, 1968, S.445.
9. Hugo Riemann: **Musiklexikon**, Bd. III, Sachteil.
    Schott Mainz,1967, S. 554.
10. Hugo Riemann: **Musiklexikon**, Bd. III, Sachteil.
    Schott Mainz,1967, S. 568.
11. Friedrich Herzfeld: **Ullstein Lexikon der Musik**.
    Ullstein Frankfurt am Main, 1968, S. 344.
12. Hugo Riemann: **Musiklexikon**, Bd. III, Sachteil.
    Schott Mainz,1967, S. 362.
13. Hugo Riemann: **Musiklexikon**, Bd. III, Sachteil.
    Schott Mainz,1967, S. 248.
14. Hugo Riemann: **Große Kompositionslehre**, Bd. I. Erstes Buch.
    Spemann Berlin & Stuttgart, 1902, S. 41.
15. Hugo Riemann: **Handbuch der Kompositionslehre**.
    Max Hesses Berlin, 1922, S.14.
16. Hugo Riemann: **Handbuch der Kompositionslehre**.
    Max Hesses Berlin, 1922, S.43.
17. Hugo Riemann: **Handbuch der Kompositionslehre**.
    Max Hesses Berlin, 1922, S.43.
18. Hugo Riemann: **Große Kompositionslehre**, Bd. I. Erstes Buch.
    Spemann Berlin & Stuttgart, 1902, S. 90.
19. Hugo Riemann: **Musiklexikon**, Bd. III, Sachteil.
    Schott Mainz,1967, S. 841.
20. Hugo Riemann: **Handbuch der Kompositionslehre**.
    Max Hesses Berlin, 1922, S. 20.
21. Hugo Riemann: **Musiklexikon**, Bd. III, Sachteil.
    Schott Mainz,1967, S. 721.
22. Hugo Riemann: **Präludien und Studien**, Bd. I,
    G. Olms Hildesheim, 1967, S. 169.
23. Hugo Riemann: **Präludien und Studien**, Bd. I,
    G. Olms Hildesheim, 1967, S. 166.
24. Hugo Riemann: **Handbuch der Kompositionslehre**.
    Max Hesses Berlin, 1922, S. 94.
25. Hugo Riemann: **Präludien und Studien**, Bd. I,
    G. Olms Hildesheim, 1967, S. 165.

26. Leonard Bernstein: **Freude an der Musik**.
    Fischer Frankfurt am Main, 1976, S. 204.
27. Hugo Riemann: **Musiklexikon**, Bd. III, Sachteil.
    Schott Mainz, 1967, S. 433.
28. Friedrich Herzfeld: **Ullstein Lexikon der Musik**.
    Ullstein Frankfurt am Main, 1968, 475.
29. Hugo Riemann: **Musiklexikon**, Bd. III, Sachteil.
    Schott Mainz, 1967, S. 22.
30. Hugo Riemann: **Handbuch der Kompositionslehre**.
    Max Hesses Berlin, 1922, S. 55.
31. Hugo Riemann: **Handbuch der Kompositionslehre**.
    Max Hesses Berlin, 1922, S. 60.
32. Hugo Riemann: **Musiklexikon**, Bd. III, Sachteil.
    Schott Mainz, 1967, S. 581.
33. Ernö Lendvai: **Béla Bártok – Weg und Werk**.
    Corvina Budapest/Bärenreiter Kassel, 1972, S. 106.
34. Leonard Bernstein: **Freude an der Musik**.
    Fischer Frankfurt am Main, 1976, S. 103.
35. Hugo Riemann: **Musiklexikon**, Bd. III, Sachteil.
    Schott Mainz, 1967, S. 114.
36. Hugo Riemann: **Präludien und Studien**, Bd. I,
    G. Olms Hildesheim, 1967, S. 43.
37. Hugo Riemann: **Musiklexikon**, Bd. III, Sachteil.
    Schott Mainz, 1967, S. 803.
38. Hugo Riemann: **Präludien und Studien**, Bd. I,
    G. Olms Hildesheim, 1967, S. 45.
39. Hugo Riemann: **Präludien und Studien**, Bd. I,
    G. Olms Hildesheim, 1967, S. 47.
40. Hugo Riemann: **Musiklexikon**, Bd. III, Sachteil.
    Schott Mainz, 1967, S. 944.
41. Hugo Riemann: **Musiklexikon**, Bd. III, Sachteil.
    Schott Mainz, 1967, S. 944.
42. Hugo Riemann: **Präludien und Studien** Bd. I.
    G. Olms Hildesheim, 1967, S. 52/53.
43. Hugo Riemann: **Große Kompositionslehre**, Bd. II. Zweites Buch.
    Spemann Berlin & Stuttgart, 1902, S. 493.
44. Hugo Riemann: **Große Kompositionslehre**, Bd. II. Zweites Buch.
    Spemann Berlin & Stuttgart, 1902, S. 494.
45. Leonard Bernstein: **Freude an der Musik**.
    Fischer Frankfurt am Main, 1976, S. 11.

Bibliographie:

HUGO RIEMANN: Große Kompositionslehre. Band I, Erstes Buch.
W. Spemann Verlag Berlin & Stuttgart, 1902.
HUGO RIEMANN: Große Kompositionslehre. Band II, Zweites Buch.
W. Spemann Verlag Berlin & Stuttgart, 1902.
HUGO RIEMANN: Handbuch der Kompositionslehre. Band I,
Max Hesses Verlag Berlin, 1922.
HUGO RIEMANN: Musiklexikon. Band III, Sachteil.
B. Schott's Söhne Verlag Mainz, 1967.
HUGO RIEMANN: Präludien und Studien. Band I,
Georg Olms Verlagsbuchhandlung Hildesheim, 1967.
FRIEDRICH HERZFELD: Ullstein Lexikon der Musik.
Ullstein Verlag GmbH Frankfurt/Berlin, 1968.
BENCE SZABOLCSI: (Herausgeber) **Béla Bártok, Weg und Werk.**
Corvina Verlag Budapest/Bärenreiter Verlag Kassel, 1972.
LEONARD BERNSTEIN: Freude an der Musik.
Fischer Taschenbuch Verlag GmbH Frankfurt am Main, 1976.
DUMITRU BUGICI: Musiklexikon für Gattungen und Formen.
Staatlicher Musikverlag Bukarest, 1978.
WIELAND ZIEGENRÜCKER: Allgemeine Musiklehre.
Wilhelm Goldmann Verlag/Musikverlag B. Schott's Söhne Mainz, 1979.
WIELAND ZIEGENRÜCKER/PETER WICKE: Sachlexikon.
Wilhelm Goldmann Verlag/Musikverlag B. Schott's Söhne Mainz, 1987.

Alle Musikbeispiele, die dieses Fachbuch beinhaltet, sind Teile verschiedener Titel oder ganze Stücke aus den Eigenkompositionen des Autors.

Weitere Bücher in der Marinovici-Reihe:
Gehörbildung – aber wie?
Nicht rechnen, sondern hören! – Der zielorientierte Lehrgang mit CD, Bergisch Gladbach 1997

© 2000 by LEU-VERLAG, 51429 Bergisch Gladbach, Herweg 34, Tel 02204/981141, Fax 981143
e-Mail: leuverlag @ aol. com, Internet: www.leu-verlag.net
Lektorat: Wolfgang Leupelt
Redaktion: Dr. Cesar Marinovici
Layout, Noten- und Textsatz: Lutz Gottschalk – Notensatz, 46535 Dinslaken, Wallstr. 8
CD-Produktion: Lutz Gottschalk – Notensatz, 46535 Dinslaken
Studio Recording/Mastering: advanced media • Axel Schlichte, 46535 Dinslaken, Wallstr. 10
Umschlagzeichnung: Laura Marinovici
Coverlayout: advanced media • Axel Schlichte, 46535 Dinslaken
Belichtung: Lutz Gottschalk – Notensatz, 46535 Dinslaken
Druck: Druckhaus Gummersbach

Printed in Germany 2000

ISBN 3-89775-015-5
ISMN M-50006-115-1

Alle Rechte vorbehalten.
Sämtliche Songs, Songtexte, Beispiele, Übungen, CD-Hörbeispiele, Tabellen sind – auch wenn nicht besonders hervorgehoben – urheberrechtlich geschützt.
Ohne ausdrückliche Genehmigung des Verlages ist es nicht gestattet, das Buch bzw. die CD ganz oder in Teilen zu vervielfältigen. Auch die Übertragung einzelner Songs, Abschnitte, Zeilen, Fotos und Diagramme ist – mit Ausnahme der in §53, 54 URG genannten Sonderfälle – nicht ohne schriftliche Zustimmung des Verlages zulässig. Dies gilt für alle Vervielfältigungsverfahren, Fotokopien, Filme, Folien und auch elektronische sowie digitale Medien.

CD Index-Liste

01. Bsp. 1 + 2	34. Bsp. 42	67. Bsp. 78
02. Bsp. 3	35. Bsp. 43	68. Bsp. 79
03. Bsp. 4 + 5	36. Bsp. 44	69. Bsp. 80
04. Bsp. 6	37. Bsp. 45	70. Bsp. 81
05. Bsp. 7	38. Bsp. 46	71. Bsp. 82
06. Bsp. 8	39. Bsp. 47	72. Bsp. 83
07. Bsp. 10	40. Bsp. 48	73. Bsp. 84
08. Bsp. 11	41. Bsp. 49	74. Bsp. 85
09. Bsp. 14a) + 14b)	42. Bsp. 50	75. Bsp. 86
10. Bsp. 15a) + 15b)	43. Bsp. 51	76. Bsp. 87
11. Bsp. 16	44. Bsp. 52	77. Bsp. 88
12. Bsp. 17a) + 17b)	45. Bsp. 53	78. Bsp. 89
13. Bsp. 18a) + 18b) + 18c) + 18d) + 18e)	46. Bsp. 54	79. Bsp. 90
14. Bsp. 19a) + 19b)	47. Bsp. 55	80. Bsp. 91
15. Bsp. 20	48. Bsp. 56	81. Bsp. 92
16. Bsp. 21 + 22	49. Bsp. 57	82. Bsp. 93
17. Bsp. 23	50. Bsp. 58	83. Bsp. 95
18. Bsp. 24 + 25	51. Bsp. 59	84. Bsp. 96
19. Bsp. 26 + 27	52. Bsp. 60	85. Bsp. 97
20. Bsp. 28	53. Bsp. 61	86. Bsp. 98 + 99
21. Bsp. 29	54. Bsp. 62	87. Bsp. 100
22. Bsp. 30	55. Bsp. 63	88. Bsp. 101
23. Bsp. 31	56. Bsp. 64	89. Bsp. 102
24. Bsp. 32	57. Bsp. 65	90. Bsp. 103
25. Bsp. 33	58. Bsp. 66	91. Bsp. 104
26. Bsp. 34	59. Bsp. 70	92. Bsp. 105
27. Bsp. 35	60. Bsp. 71	93. Bsp. 106
28. Bsp. 36	61. Bsp. 72	94. Bsp. 107
29. Bsp. 37	62. Bsp. 73	95. Bsp. 108 Professor Traum
30. Bsp. 38	63. Bsp. 74	96. Bsp. 109 Eine lustige Geschichte
31. Bsp. 39	64. Bsp. 75	97. Bsp. 110 Charly KIK
32. Bsp. 40	65. Bsp. 76	98. Bsp. 111 Fasching
33. Bsp. 41	66. Bsp. 77	99. Bsp. 112 Medium Fox